HELME HEINE

Philosophie für zwischendurch

HELME HEINE

Philosophie
für zwischendurch

Bassermann

ISBN 978-3-8094-4137-3

1. Auflage
Genehmigte Sonderausgabe

Titel der Originalausgabe: *Oh... diese Philosophen*

Projektleitung dieser Ausgabe: Dr. Sarah Rafajlovic
Umschlaggestaltung: Atelier Versen, Bad Aibling
Herstellung: Steffen Zimmermann

FSC www.fsc.org
MIX
Papier aus verantwortungsvollen Quellen
FSC® C106600

Verlagsgruppe Random House FSC® N001967

Druck und Bindung: DZS GRAFIK, d.o.o.

Printed in Slovenia
021102530115

Für KiKi

Es ist schon alles gesagt, nur noch nicht von allen
(frei nach Karl Valentin)

oder
Das Denken schadet der Dummheit

Prolog

Karl Jaspers forderte seine Kollegen auf, *die Philosophie müsse für den Laien verständlich sein.*

Dies ist ein wunderbarer Vorsatz, aber Philosophen sind oft mathematisch trainierte Sprachkünstler, Hirn- und Wortakrobaten, deren vornehmliches Interesse es ist, sich gegenseitig zu beobachten und zu bewerten. Alle schreiben *über* den Menschen, aber nicht *für* ihn. Die Namen der meisten Philosophen kennen wir nur noch aus dem Kreuzworträtsel. Gern würzen wir unsere Reden mit philosophischen Zitaten, witzeln über das *Ding an sich,* wir *packen die Peitsche ein oder aus, wenn wir zum Weibe gehen*, wir fahren am Wochenende ins Grüne, *zurück zur Natur,* wir gehen nicht mehr in die Kirche, weil *Gott tot ist.* Dieses Buch ist der Versuch, die abendländische Philosophie und ihre Schöpfer auf wenigen Seiten vorzustellen und die Neugier zu wecken. Als Maler und Zeichner hat es mich gereizt, alle Protagonisten zu portraitieren. Mir ging es nicht um äußere Ähnlichkeit, sondern um ein Seelenbild. Ich stelle sie so dar, wie sie mir in ihren Werken, in ihrer Sprache und in ihren Lebensläufen begegnet sind.

P.S. Die überlieferten Lebensdaten der antiken Philosophen variieren. Ich habe mich an den gängigen Angaben orientiert. In der Reihenfolge halte ich mich nicht streng an das Geburtsjahr der Protagonisten, sondern berücksichtige inhaltliche Bezüge, die, wie könnte es anders sein, meine persönliche Sicht der Dinge spiegeln. Ich folge Nietzsche: *Aus drei Anekdoten ist es möglich, das Bild eines Menschen zu geben.*

Helme Heine

Philosophie, was ist das?

Die Philosophie ist im Niemandsland zwischen Naturwissenschaft und Theologie beheimatet.

Die Wissenschaftler wollen *wissen*. Die Theologen wollen *glauben*. Und die Philosophen *glauben zu wissen*.

Alles Personal dieser drei Disziplinen beschäftigt sich mit dem Geist. Die Theologen suchen den Heiligen Geist im Gebet. Die Wissenschaftler zählen, messen und wiegen den Geist im Versuch, und die Philosophen kritisieren den Zeitgeist.

Philosophieren heißt, *alles* in Frage zu stellen.

Woran erkennt man einen Philosophen?

Er ist männlich. Die gesetzliche Frauenquote hat in dieser Berufssparte wenig Aussicht auf Erfolg.

Er wird gern und oft zitiert. Man hütet einen dicken Wälzer von ihm im Bücherregal, hat diesen aber selten gelesen, weil er für den Laien so verständlich ist wie eine technische Betriebsanleitung.

Er ist weltfremd. Es geht ihm nicht um die Dinge in der Welt, sondern um das Wesen der Dinge.

Er ist unsportlich. Statt sich körperlich zu betätigen, sitzt er lieber still am Schreibtisch und aktiviert seine Hirnstromkurven.

Er ist streitsüchtig. Seit der Antike diskutiert er bis zum heutigen Tag das gleiche Thema: Ist die Welt vom materiellen Prinzip her zu verstehen, oder ist sie Ausdruck eines göttlichen Prinzips?

Er lacht selten, denn er ist ein Philo-sophos, ein Liebhaber der Weisheit, der das Leben todernst nimmt.

Er ist nicht verheiratet. In der Antike liebte er die Knaben, im Mittelalter die Kirche und in der Neuzeit sein Ego.

DIE ANTIKE

Die Antike

624 v. Chr. – 400 n. Chr.

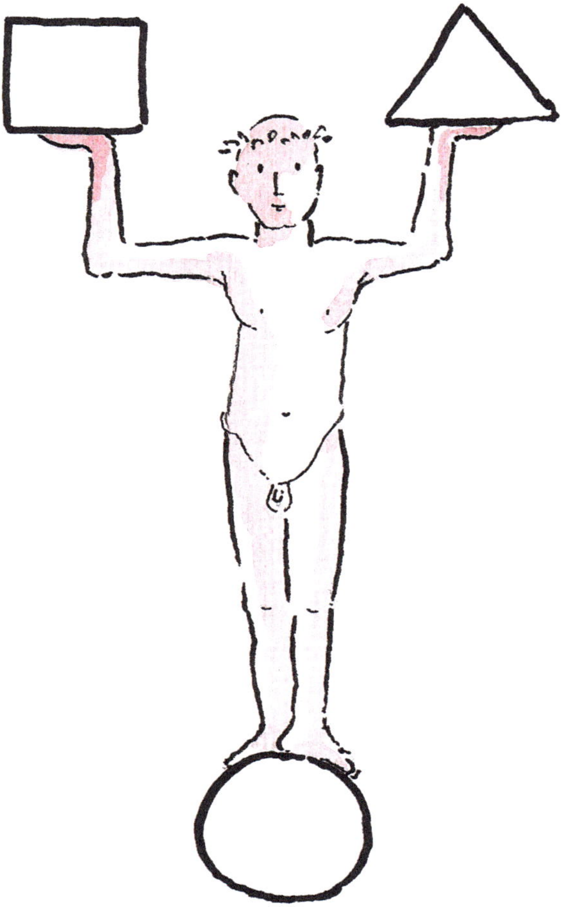

Die Kindheit des Menschen währte Jahrtausende. Überleben konnte der Einzelne nur in der Familie, in einem Stamm, in einem Volk; er war Teil einer verschworenen Gemeinschaft. Das WIR war alles, das ICH existierte nicht.

Dann aber, urplötzlich, endete im vorchristlichen 6. Jahrhundert die Kindheit des Menschen. Es war, als hätte er einen Apfel vom Baum der Erkenntnis gepflückt. Man könnte auch sagen, er pubertierte, denn wie alle Pubertierenden entdeckte er die eigene Körperlichkeit, die Dreidimensionalität. Nackt und frei stellte er sich dar, erfand und begriff die Geometrie, die Lehre von den Körpern. Mit Erstaunen sah er sich in der Welt um, stellte Fragen, suchte nach Antworten und wurde philosophisch.

Thales von Milet

624–546 v.Chr.

Warum?

Wir erinnern uns an den Namen Thales von Milet aus der Schulzeit, an seine Lehrsätze aus der Geometrie: *Die Winkelsumme eines Dreiecks beträgt 180 Grad, und alle Winkel am Halbkreisbogen sind rechte Winkel.*

Vergessen?

Warum hat uns unser Mathematiklehrer nichts aus Thales' privatem Leben erzählt? Dass er zum Beispiel berühmt wurde, weil er eine Sonnenfinsternis vorausgesagt hatte. Diese Erkenntnis scheint er von babylonischen Astronomen übernommen zu haben, die herausfanden, dass sich Himmelsverfinsterungen in Zyklen wiederholen. Fortan wird er viel nach oben geblickt haben, um die Sterne zu beobachten, denn eines Tages fiel er in einen Brunnen. Eine Magd, die das sah, lästerte über ihn. *Er wolle wohl wissen, was am Himmel sei, dabei bleibe ihm verborgen, was vor ihm und zu seinen Füßen liege.*

Ganz Milet wird über diesen peinlichen Vorfall gelacht haben, den Thales zum Glück für die Philosophie lebend überstand.

Erste geometrische Kenntnisse eignete er sich in Ägypten an, die es ihm ermöglichten, die Entfernung eines Schiffes auf See durch Beobachtung von zwei Landpunkten aus zu berechnen.

Daraufhin soll ihn der dortige Herrscher aufgefordert haben, die Höhe der Pyramide zu berechnen. Thales wartete, bis sein eigener Schatten seiner Körpergröße entsprach, und folgerte daraus, dass zu demselben Zeitpunkt der Schatten der Pyramide ihrer Höhe entsprechen musste. Eine geniale Analogie.

In den Augen der Zeitgenossen waren solche Erkenntnisse jedoch brotlose Kunst. Sie belächelten den armen Philosophen. Da bewies er ihnen, dass er auch als Geschäftsmann findig war: Er hatte frühzeitig erkannt, dass eine gute Olivenernte anstand, kaufte alle Ölpressen auf und lieh sie zu gegebener Zeit gegen eine horrende Gebühr aus. Damit zeigte er allen Spöttern, dass man auch als Philosoph reich werden konnte, wenn man nur wollte, dass dies aber nicht sein Ehrgeiz war.

Thales wird lange im Elternhaus gelebt haben, denn als seine Mutter ihn fragte, warum er nicht heiratete, war seine Antwort: zu früh. Zehn Jahre später wollte sie erneut wissen, warum er sich keine Frau suchte. Seine Antwort: zu spät. Philosophisch wurde er erst, als sie sich erkundigte, warum er keine Kinder zeugen wollte. Seine Antwort: aus Liebe zu den Kindern.

Thales schien für alles und jeden eine Antwort parat zu haben. Kein Wunder, dass sich viele Menschen Rat bei ihm holten. *Sich selbst zu kennen* hielt er für die schwierigste Aufgabe im Leben. Am leichtesten sei es, *anderen einen Rat zu geben.* Auf die Frage, wie man das Leben tugendhaft meistern könne, antwortete er: *Tu niemals das, was du an anderen verurteilst.*

Thales war der erste Philosoph der Weltgeschichte, der erste Mensch, der sich die Frage stellte: *Was ist das Wesen von allem, was der Ursprung, das Prinzip?*

Seine Antwort: *Es ist das Wasser.* Es sei ewigem Wandel unterworfen und bleibe dennoch immer dasselbe, mal als Dampf, mal als Eis, Regen, Schnee, Wolken, Fluss, See, Meer. Selbst die Erde ruhe auf Wasser.

Alles unterliegt einem ewigen Kreislauf. Die Welt ist ein tragisches Widerspiel. Geburt und Tod, Entstehen und Vergehen. Warum?

Anaximander

611–546 v. Chr.

Sterben heißt Platz machen

Anaximander war ein Schüler des großen Thales. Er griff die Idee seines Lehrers auf, dass Leben ohne Wasser nicht möglich sei. Das Ei sei flüssig, die Pflanze habe Saft, in allen Körpern fließe Blut. Er folgerte, dass alles Leben im Wasser entstehe, wie die Kaulquappe, die sich verwandelt und als Frosch auf dem Land lebt. Wie der Mensch, der vor der Geburt im Fruchtwasser der Frau schwimmt. Folglich komme alles Leben aus dem Meer, auch der Mensch, der vor Urzeiten noch fischartig war.

Außerdem betätigte sich Anaximander als Geograph. Er soll sowohl eine Landkarte entwickelt haben als auch eine Himmelskarte zur Orientierung für Schiffe bei Nacht.

Er glaubte, dass die Welt frei in der Luft schwebe, allerdings nicht in Kugelform, sondern in Gestalt eines Zylinders.

Darüber hinaus wissen wir wenig über ihn. Beim Tod seines Lehrers wird er an dessen dringlichste Fragen erinnert worden sein: Warum ist alles vergänglich? Warum kann das Leben nicht ewig währen? Warum muss alles entstehen und vergehen? Warum müssen wir sterben?

Am Grab des Meisters kam ihm die Erleuchtung:

Die Dinge müssen sterben, um Platz zu machen für das Neue.

Würde alles im Dasein verharren, behinderte sich das Schöpferische.

Parmenides

ca. 515 – 450 v. Chr.

Philosophie ist Musik

Parmenides, geboren in Elea, stammte wie so viele Philosophen aus wohlhabendem Hause, was ihm ermöglichte, über sich und die Welt nachzudenken. Geld macht sorgenfrei.

Um das Haus, die Wäsche und den Garten kümmerten sich Sklaven. Die gängige antike Auffassung zum Thema Menschenrechte und Gesellschaftsordnung war: *ohne Sklaven keine Kultur*.

Er ging nach Ägypten, um dort Logik und Astronomie zu unterrichten. Auf der Rückfahrt machte er Halt in Athen. Es wird berichtet, er habe dort mit Sokrates über Gott und die Welt diskutiert. Er glaubte, dass die Welt, in der wir leben, nur eine Scheinwelt sei, die wir mit unseren Sinnen nicht erfassen können.

Sokrates, der gerade ein Buch von ihm gelesen hatte, sagte, um es zu verstehen, müsse man tief in sein Werk eintauchen. Um es seinen Anhängern zu erleichtern, schrieb Parmenides seine philosophischen Gedanken in Versform nieder und trug sie gern gesungen vor.

Es mag abwegig klingen, aber die Musik war zu seiner Zeit ein nicht wegzudenkender Teil des philosophischen Unterrichts. Musik war kein musisches Fach im heutigen Sinne, sondern wurde zusammen mit Algebra, Geometrie, und Astronomie gelehrt, denn Musik bedarf der Zahl. Die Tonabstände von Quarte, Quinte und Oktave entsprechen den Zahlenverhältnissen 3:4, 2:3 und 1:2.

Es gab drei Stilarten der Musik: solche, die in Ekstase versetzte; eine andere, die zum heroischen Handeln anfeuerte, und eine weitere, die ein seelisches Gleichgewicht erzeugte. Es ist anzunehmen, dass Parmenides letztere wählte, wenn er die Leier schlug und sein Lehrgedicht über die Natur sang.

Pythagoras

570 – 495 v. Chr.

Die Welt besteht nur aus Zahlen

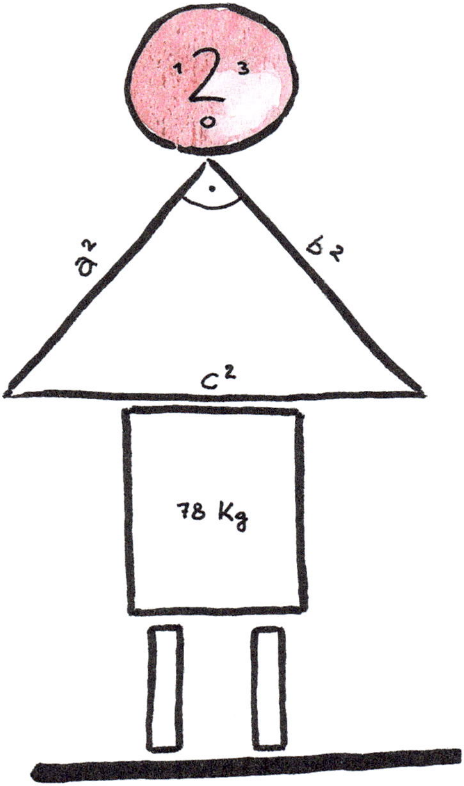

Die Griechen gelten als die Erfinder der Geometrie. Pythagoras hat seinen Beitrag hierzu geleistet und die Schulkinder mit seinem Lehrsatz $a^2 + b^2 = c^2$ beglückt. Tausend Jahre vor ihm nutzten aber schon die Ägypter diese Erkenntnis, und auch die Babylonier wandten sie bereits an, um ihre Tempel und Häuser im rechten Winkel bauen zu können. Er aber war derjenige, der diese praktische Anwendung mathematisch bewies, deshalb gebührt ihm die Ehre. Außerdem soll er sich die Erde bereits als Kugel vorgestellt haben, die sich um die Sonne drehe.

Pythagoras liebte die Mathematik. Die 1 stand für den Punkt, die 2 für die Gerade, die 3 für die Fläche und die 4 für den Körper. Addierte man 1, 2, 3 und 4, ergab das 10. Die 10 war für ihn die vollkommenste aller Zahlen. Alles andere war nur eine Wiederholung.

Problemlos verknüpfte er Mathematik und Theologie, die beiden extremen Gegensätze, zwischen denen sich die Philosophie behaupten muss.

Für Pythagoras war Gott vermutlich ein Mathematiker: *Die ganze Welt besteht nur aus Zahlen.* (Heute sind wir diesem Zustand sehr nahe, denn alle Bilder, Musiken, Filme, Bücher, Dokumente, Reden, Briefe bestehen in der digialen Welt nur noch aus den Zahlenfolgen 0 und 1.)

Allein die mathematische Erkenntnis ist sicher, exakt und auf die reale Welt anwendbar. Da man der Mathematik nur durch reines Denken nahe kommt, kann man auf Beobachtung ganz verzichten, denn Augen und Ohren können täuschen.

Ergo: *Denken ist wichtiger als empfinden. Man kann die Welt nicht sinnlich erfahren, sondern nur mit dem Intellekt erfassen.*

Soweit der intellektuelle Pythagoras, der Philosoph und Mathematiker. Er war aber auch Mystiker. Er lehrte, dass *die Seele unsterblich sei und in einem ewigen Kreislauf wiedergeboren werde.* Da die Seele auch im Tier das Licht der Welt erblicken kann, verbot er das Töten aller Tiere. Vielleicht war das der Grund, dass er wie Franziskus von Assisi den Tieren predigte.

Dieser ewige Kreislauf von Geburt und Tod war für Pythagoras ein Läuterungsprozess, dessen Lebensziel es war, die Seele durch Frömmigkeit und Reinheit aus dem Kreislauf der Wiedergeburt zu erlösen. (Buddha lässt grüßen.)

Kurios erscheint uns heute der religiöse Orden, den Pythagoras schuf. Er hielt sich für einen Halbgott, denn er sagte über sich: *Es gibt Menschen und Götter und Wesen wie Pythagoras.* Er war der Erste, der sich *Philosophos* nannte, *einen Freund der Weisheit.* Vor ihm hießen alle Philosophen nur *Sophos,* also *Weiser.*

Seine Jünger schrieben jedes Wort auf, das er verkündete, und verehrten ihn wie einen Propheten, weil er, untypisch für alle Griechen zur damaligen Zeit, die Wahrheit liebte, sehr fromm war und die Welt verachtete. Wer ihm folgte, musste Leinenkleidung tragen, sich täglich einer Selbstprüfung unterziehen, unverheiratet sein und fünf lange Jahre schweigen können. Männer und Frauen waren gleichberechtigt in der Gemeinschaft. Sie wurden unterrichtet in Naturwissenschaft, Musik, Gymnastik und Heilkunde. Es herrschte totaler Kommunismus: Eigentum war Gemeinschaftsbesitz, selbst die mathematische oder naturwissenschaftliche Erkenntnis eines Einzelnen war immer eine Kollektivleistung.

Bei Pythagoras gab es strenge Essensvorschriften: Man durfte keine Eier, kein Fleisch und keine Bohnen essen. Sehr seltsam mutet es uns an, dass verboten wurde, Dinge aufzuheben, die auf den Boden gefallen waren. Man durfte kein Brot brechen. Keine Schwalben unter dem Dach dulden. Keinen weißen Hahn anrühren. Kein Herz verzehren. Nicht auf Landstraßen gehen. Über keinen Querbalken treten. Und die Bettlaken mussten nach dem Aufstehen glatt gestrichen werden, um den Körperabdruck zu entfernen.

Und fraglich dürfte auch seine Aufteilung der Menschheit in drei Klassen sein. Bei den Olympischen Spielen zum Beispiel zählte er die Kaufleute zu der untersten. Die Sportler standen darüber, und die beste von allen bildeten die Zuschauer.

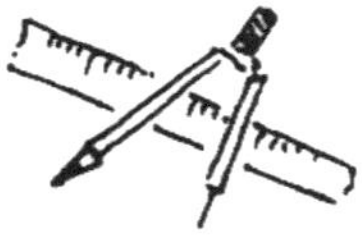

Heraklit

535–475 v. Chr

Weg hinauf, Weg hinab, dasselbe

Heraklit wurde als Aristokrat in Ephesos geboren.

Er lehnte die Demokratie ab, sie löse keine Probleme. Sie sei eine Katastrophe, umständlich und von den falschen Leuten geführt. Er empfahl allen Bürgern, sich aufzuhängen, denn *die meisten liegen da, vollgefressen wie das liebe Vieh. Für den Logos haben die Menschen keinen Sinn. Diese Tatsache ist nicht zu ändern, denn der Pöbel greift alles an, was ihm neu ist.*

Sie lachten ihn aus, wenn er philosophierte: *Niemand kann zweimal in denselben Strom steigen.* Verzweifelt zog er sich zurück in eine Höhle im Gebirge und wurde zum Einsiedler. Er ernährte sich hauptsächlich von Gras und Kräutern und erkrankte schwer. Weil ihm die Ärzte nicht helfen konnten, versuchte er das Leiden auf seine Art zu bekämpfen. Er zog sich aus, legte sich in die Sonne und bedeckte seinen Körper mit Rindermist. Wilde Hunde müssen ihn für einen stinkenden Kadaver gehalten haben. Kurz vor seinem sechzigsten Geburtstag wurde er aufgefressen.

Damit schien sich seine philosophische Auffassung bestätigt zu haben, wonach er die Erde für eine zerrissene Welt hielt. Für ihn gab es überall Gegensätze, die scheinbar beharren, aber doch stetig im Fluss sind. *Panta rhei, alles fließt,* ist sein berühmter Ausspruch. Der Tag gebiert die Nacht und umgekehrt. Der Krieg beendet den Frieden. Überfluss wird vom Hunger abgelöst. Die Gesundheit wird geschätzt, weil es die Krankheit gibt. Trotzdem glaubte er, dass gerade dieser Gegensätzlichkeit eine innere Harmonie und eine schöpferische Kraft innewohnen.

Alles ist eins, war seine philosophische Überzeugung.

Weg hinauf, Weg hinab: dasselbe!

Sokrates

469–399 v. Chr.

Ich weiß, dass ich nichts weiß

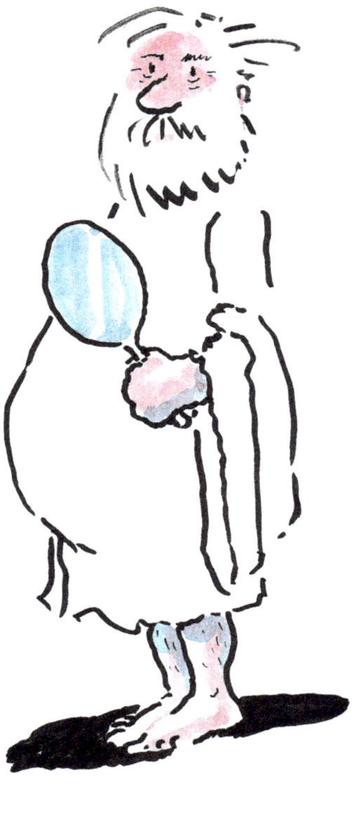

Sokrates gilt als der Urvater aller Philosophen und ist wohl der bekannteste unter ihnen. Er war der Sohn eines Steinmetzen und einer Hebamme.

Noch heute wird er wegen seiner grenzenlosen Geduld bewundert, die er seiner weltberühmten Ehefrau Xanthippe entgegenbrachte. Sie tobte, keifte, wetterte und verlangte, dass er sich um seine Familie kümmere. Er könne doch als Steinmetz arbeiten, dem Beruf, den er bei seinem Vater erlernt hatte! Sie warf ihm vor, in der Stadt herumzulungern und alle Leute anzuquatschen. Sie schäme sich, wie verlottert er aussehe und dass er noch nicht einmal Sandalen an den Füßen trage. Seine Rechtfertigung lautete:

Wir sollten uns weniger um Leib und Geld sorgen. Wichtiger ist die Seele.

Xanthippe trieb ihn täglich aus dem Haus, und er muss froh gewesen sein, ihr zu entkommen. Wenn sie ihm aus dem Fenster einen Eimer Wasser über den Schädel schüttete, dann sagte er zu den Nachbarn: *Ihr seht, sie donnert nicht nur, sie spendet auch Regen.*

Und wenn er gefragt wurde, wie er das tägliche Geschrei ertrage, dann schmunzelte er und erwiderte: *Du erträgst doch auch das Geschrei der Gänse.* Er wusste, wenn er Xanthippe ertrug, konnte er mit allen Menschen fertig werden.

Xanthippe war unausstehlich, aber trotzdem müssen wir ihr dankbar sein, dass sie ihren Mann täglich malträtierte. Sonst wäre vielleicht kein Philosoph aus ihm geworden.

Sokrates liebte den Markt, den Sportplatz, die Kneipe. Hier konnte er mit den Athenern schwätzen, schwadronieren und diskutieren, das Tanzbein schwingen und Gymnastik treiben.

Wenn ein Fischverkäufer lauthals verkündete, er fange die dicksten Fische der Welt, dann wollte Sokrates von ihm wissen, was er von der Welt gesehen habe und ob er alle Fische persönlich kenne. Immer weiter und weiter fragte er den armen Mann, bis der ins Stottern geriet und fortging, weil er angeblich keine Zeit mehr hatte, er müsse jetzt arbeiten. Sokrates interessierte nicht die Masse. Er sprach immer nur zu dem einzelnen Menschen, der vor ihm stand. Er plauderte mit der Hure und dem Soldaten, mit dem Krösus und dem Bettler, mit dem Politiker und dem Lustknaben: Er wollte von ihnen wissen, wohin sie ihre Schuhe brachten, wenn sie besohlt werden mussten. Zum Schuster, wohin sonst? Und wen riefen sie zu Hilfe, wenn es durchregnete? Den Dachdecker. Listig fragte er weiter: Und wer soll das Staatsschiff reparieren?

Sokrates liebte es, den Menschen einen Spiegel vorzuhalten. *Erkenne dich selbst.* Er wollte ihnen ihre Unwissenheit bewusst machen. Er wollte sie mit schöpferischem Wortwitz und beißender Dialektik entlarven. Dabei spielte er den Hanswurst, den Tölpel, der auch über sich selbst lachen konnte.

Was ihn von fast allen anderen Philosophen unterscheidet, ist, dass er keinen einzigen Satz niedergeschrieben hat, kein Buch, kein Pamphlet, keine Gedankenskizzen. Das hat erst nach seinem Tod sein Schüler Plato getan. Sokrates war kein Guru, der Antworten auf Fragen gab. Im Gegenteil, wenn er am Ende einer Diskussion um eine Lösung gebeten wurde, dann zuckte er mit den Schultern und meinte: *Gott hat mir aufgetragen, Geburtshilfe zu leisten, aber zu gebären hat er mir versagt.* Er war überzeugt, dass *rechtes Denken zu rechtem Handeln führe.* Er selbst hörte auf seine innere Stimme. Für ihn war sie die Gewissheit des Herzens.

Er wurde zum Politikum, zum unerwünschten Mahner, Meckerer, Meinungsmacher. Man klagte ihn wegen Gottlosigkeit und Verführung der Athener an, um ihn mundtot zu machen. Doch da hatte man sich getäuscht. Seinen Richtern sagte der Siebzigjährige: *Ich werde nicht aufhören, jeden einzelnen Bürger aufzuwecken, zu überreden und zu schelten.*

Als er sein Todesurteil vernahm, versuchte er nicht zu fliehen, was ihm ein Leichtes gewesen wäre. Er scheint den Tod gewollt zu haben, suchte den Märtyrertod. Die Welt sollte sehen, dass er eine grenzenlose innere Freiheit vertrat, die unerschütterlich war. Seine Verteidigungsrede schloss er mit den Worten: *Nun ist es Zeit, wegzugehen: für mich, um zu sterben, für euch, um zu leben. Wer von uns dem besseren Zustand entgegengeht, ist jedem verborgen, außer dem Gott.*

Sokrates war ein Narr. Er wurde verurteilt als Ketzer und starb wie ein Heiliger.

Plato

428 – 348 v. Chr.

Philosophie ist Dialog

Ohne Plato wüssten wir nichts oder nur sehr wenig über Sokrates.

Wie und wo die beiden sich trafen, ist unbekannt. Aber in dem kleinen Athen lief man sich über den Weg. Vielleicht hatte der grantige alte Sokrates den eleganten zwanzigjährigen Aristokraten angesprochen und ihn in ein Gespräch verwickelt, um ihm klarzumachen, wie begrenzt sein Wissen über sich selbst war. Ihre Unterhaltung hatte zur Folge, dass der angehende Dramatiker seine Tragödien verbrannte und Schüler von Sokrates wurde. Zehn Jahre lang notierte er alles, was ihm zu Ohren kam, diskutierte mit seinem Idol und schrieb dessen Reden mit, bis zu seinem Tod.

Auch Xanthippe, die Ehefrau von Sokrates, scheint ihn beeinflusst zu haben, denn er machte kein Geheimnis aus seiner Abneigung gegenüber Frauen. Sie seien zänkisch, hinterhältig und oberflächlich, und er verstieg sich sogar zu der Behauptung, dass Männer, die im Leben versagt hatten, zur Strafe als Frau wiedergeboren würden. Zur Zeugung und Aufzucht sei die Frau wichtig, aber er hielt es für eine Aufgabe des Staates, die rechten Partner zusammenzubringen. Männer sollten Frauen zugewiesen bekommen als Lohn für ihren Kriegsdienst.

Doch grau ist alle Theorie. Platos Liebe war platonisch. Er heiratete nie und blieb kinderlos.

Er wollte wie sein großes Vorbild Sokrates seine philosophischen Gedanken nicht niederschreiben. Sie sollten mündlich überliefert werden, denn *alles, was man in Worte fasst, ist entweder der Missgunst ausgesetzt oder dem Unverständnis.*

Doch zum Glück änderte er seine Meinung und verfasste seine philosophischen Abhandlungen in Dialogform.

Als Schriftsteller liebte er den literarischen Gedankenaustausch zweier Protagonisten. Er selbst trat hinter die Figuren zurück und bezog keine Stellung. Es stand dem Leser oder Zuhörer frei, mal dem einen, mal dem anderen Diskutanten recht zu geben und sich eine eigene Meinung zu bilden. Diese Methode regte zum Mitdenken an und war nicht dogmatisch. Sie war stärker als eine Lehrschrift, und Ungeklärtes konnte offen bleiben.

Die Themen seiner Schriften waren vielfältig:

Berühmt ist die von ihm fesgehaltene Verteidigungsrede bei dem Gerichtsverfahren, in dem Sokrates zum Tode verurteilt wurde. Plato bekämpfte die Sophisten, die behaupteten, der Mensch sei das Maß aller Dinge. Für ihn gab es keinen verbindlichen Maßstab für Denken und Handeln. Es gab nur eine *Weltvernunft.*

Er philosophierte über das Kunstverständnis, den Staat, über Ethik, Eros, das Wissen, er stellte eine Erkenntnistheorie auf und entwickelte eine Naturphilosophie, und er sinnierte über das Seelenleben vor und nach dem Tod.

In seinem wohl bekanntesten Werk *Kritias,* das leider unvollendet blieb, berichtete er von Atlantis, einer sagenhaften Hochkultur, die vor zwölftausend Jahren in einer einzigen Nacht und an einem Tag im Meer versunken sein soll.

Am nachhaltigsten beeinflusste er das abendländische Denken mit seiner *Ideenlehre.*

Es gab immer wieder Anlässe, die ihn über das Wesen der Gerechtigkeit, der Weisheit und der Moral nachdenken ließen: Korruption, die Unfähigkeit der Politiker an der Spitze des Staates und nicht zuletzt der politische Schauprozess gegen Sokrates.

Er kam zu dem Schluss, dass *der Mensch weiß, was Gerechtigkeit ist und was all die anderen Tugenden sind. Er trägt in seiner Seele ein Urbild, eine Idee, wie es sein sollte. Danach sollte er streben.* Für ihn war die Seele unsterblich.

Er gründete eine Akademie, eine Philosophenschule, und hoffte, dass eines fernen Tages *der Staat von Philosophen regiert würde.*

Mit 80 Jahren verstarb Plato. Seine letzten Worte waren: *Die Angelegenheiten der Menschen sind großer Beachtung nicht wert.*

Demokrit

ca. 460 – 360 v. Chr.

Der lachende Philosoph

Eigentlich wissen wir sehr wenig von diesem einzigartigen Mann. Nur Fragmente seines ungeheuren Schaffens sind überliefert.

Er schrieb über die Mathematik, über Physik, Ethik, Astronomie, Erdkunde, Mineralogie, Zoologie, Botanik, Musik und Malerei, über Poesie und Sprachtheorie, ja sogar über die Landwirtschaft, die Kriegswissenschaft, über Meteorologie und Medizin. Demokrit könnte man als den Schöpfer der exakten Naturwissenschaft bezeichnen.

Hundert Jahre soll er gelebt haben, dieser Weltbürger: *Ich aber bin von meinen Zeitgenossen am weitesten auf der Erde herumgekommen.*

Gott hatte bei ihm keinen Platz. Die Unsterblichkeit der Seele war für ihn bloße Illusion. Der Kosmos war nicht der Wohnort der Götter. Sein Glaubensbekenntnis lautete: *Es gibt nur Atome und leeren Raum, alles andere ist Meinung.*

Die Materie werde von Atomen gebildet, die unteilbar und ohne Empfindung seien. Sie unterscheiden sich nur in Größe, Lage und Form. Die Materie kann zerfallen, wenn die Atome auseinandergehen. Die Atome selbst bleiben bestehen. Ihre Anzahl ist unendlich groß, und sie sind in ständiger Bewegung.

Demokrit scharte keine Jünger um sich, gründete keine Schule, blieb Junggeselle, weil er nicht viel von den Frauen hielt und sich keine Kinder wünschte. Sie hätten ihn beim Philosophieren gestört.

Er suchte keine gesellschaftliche Anerkennung, strebte kein politisches Amt an. Er schrieb: *Ich entdecke lieber einen einzigen Beweis in der Geometrie, als den Thron Persiens zu gewinnen.*

Demokrit hatte Humor, eine *Seelenheiterkeit,* weshalb er auch der *lachende Philosoph* genannt wird.

Allein aus diesem Grund wird ihn der hölzerne Plato gehasst haben, der sogar überlegte, dessen Bücher zu verbrennen. Aber es waren wohl zu viele. Plato erwähnt Demokrit mit keinem Wort in seinem gesamten Lebenswerk, obwohl es heißt, dass sein Œuvre eine einzige Replik auf die Veröffentlichungen Demokrits war.

Demokrit empfand die Menschen als lächerliche Wesen,
- die die ganze Welt besitzen wollen, obwohl sie nichts mit ins Grab nehmen können;
- die Angst vor dem Tod haben, weshalb sie sich ein langes Leben wünschen und jammern, wenn sie alt und gebrechlich werden;
- die nach immer Neuem streben, aber sich nicht über das freuen, was sie haben;
- die die mütterliche Erde verwüsten, die sie bewundern, nur um Gold und Silber zu gewinnen.

Die Römer schätzten die Philosophie und den Humor Demokrits. Sie liebten die Satire, die aber von den Herrschern unterschiedlich beurteilt wurde. Seneca, der Erzieher von Kaiser Nero, schrieb: *Menschlicher ist es, über das Leben zu lachen, als zu klagen.*

Nero war anderer Meinung und befahl Seneca, Selbstmord zu begehen.

Der römische Dichter Juvenal schrieb über Demokrit:

Er verlachte die Sorgen sowie die Freuden des Volkes, bisweilen auch dessen Tränen, während er selbst der drohen-

den Fortuna den Strick empfahl und ihr den mittleren Finger zeigte.

Der berühmte Arzt Hippokrates hielt Demokrit für den *weisesten Mann,* den er je getroffen hatte. Vielleicht stammte von ihm der Ausspruch: Lachen ist gesund.

Aristoteles

384–322 v. Chr.

Werde, der du bist

Aristoteles wurde als Sohn eines wohlhabenden Arztes in einem Provinznest in Thrakien geboren. In die Fußstapfen des Vaters wollte er nicht treten; er wollte kein Pillendreher werden. Wie so viele junge Männer seiner Zeit träumte er von der großen Stadt Athen und vom Philosophenberuf, der damals die Kenntnisse der Naturwissenschaft, auch der Heilkunde, einschloss.

Mit 17 Jahren ging er in die Hauptstadt und trat in Platos Akademie ein. Er war ein mickriges, lispelndes Kerlchen, kurzsichtig und schwach auf den Beinen. Wahrscheinlich versuchte er dieses Erscheinungsbild zu kaschieren, denn er trat auf wie ein Stutzer, war stets nach der neuesten Mode gekleidet, schmückte sich mit Goldketten und Ringen und stattete dem Friseur regelmäßige Besuche ab. Er liebte das gute Essen und badete gern in warmem Olivenöl, um es anschließend zu verkaufen.

An Platos Akademie studierte er zwanzig Jahre lang und erhielt deswegen den Spitznamen *Der Leser*. Er verehrte den Meister wie einen Gott. Doch als Plato starb, wurde nicht er der Nachfolger, sondern ein anderer. Enttäuscht ging Aristoteles als Hauslehrer nach Makedonien, zu Alexander dem Großen. Drei Jahre versuchte er, den wilden, aufbrausenden pubertierenden Knaben mit seinen Theorien vertraut zu machen. Er wird keinen großen Erfolg gehabt haben, denn als Staatsrechtler war er der Ansicht, dass kein Staat mehr als hunderttausend Einwohner haben sollte und das gesamte Staatsgebiet von der Spitze eines Hügels überschaubar sein müsste.

Das entsprach nicht den Zielen seines Zöglings, der die Welt erobern wollte. Als Alexander der Große mit sechzehn Jahren mündig wurde, kündigte er dem alten langweiligen

Professor und stellte einen neuen ein. Der muss allerdings ebenso wenig seinen Wünschen entsprochen haben, denn er wurde den Löwen vorgeworfen.

Aristoteles kehrte zurück, sammelte Schüler um sich und begann an einer eigenen Akademie zu lehren. Typisch für ihn war, dass er während des Unterrichts spazierenging, die Schüler mussten ihn begleiten. Vielleicht hing das mit seiner Konstitution zusammen, denn sowie er sich setzte, plagten ihn Bauchschmerzen, und er verlangte nach einer Wärmflasche.

Er war ein besessener Workaholic, Schlaf hielt er für Zeitverschwendung. Wenn er müde wurde, nahm er eine Eisenkugel in die Hand und legte sich hin. Sobald seine Augen zufielen, kullerte die Kugel in ein Bronzebecken, weckte ihn wieder auf, und er konnte sich weiter der Philosophie widmen.

Als Alexander der Große starb, atmeten die Athener auf. Endlich waren sie diesen Welteroberer los, eine neue Freiheit winkte. Aristoteles, als dem Lehrer des Despoten, glaubten sie nun den Prozess machen zu können. Aus Angst, das gleiche Schicksal wie Sokrates zu erleiden, floh er. Ein Jahr später starb er mit 63 Jahren in der Fremde.

Für die Nachwelt hinterließ er ein gigantisches Œuvre. An die tausend Bücher soll er geschrieben haben. Sein Schreibstil hat etwas Professorales, ist kritisch, trocken, pedantisch, detailversessen, es fehlt ihm an Leidenschaft, und er wirkt gefühlsarm. Ein gelehrter Bücherwurm zählte später seine Schriften und kam auf 445 270 Zeilen.

Für die naturwissenschaftliche Forschung war Aristoteles eine Katastrophe. Fast zweitausend Jahre predigte man seine Erkenntnisse, ohne sie zu überprüfen. Er stellte unsinnige Behauptungen auf: Männer hätten mehr Zähne als Frauen. Das Hirn sei dafür da, das Blut zu kühlen. Der Sitz des Geistes befände sich im Herzen. Die Seele der Tiere bewege ihre Körper. Die Rebhühner vermehrten sich durch Wind. Schwalben hätten keine Beine. Mäuse würden schwanger, wenn sie am Salz lecken. Tiere könnten aus Dreck entstehen, eine Art Urzeugung. Die Sonne und die Planeten bewegten sich, also müssten sie Götter sein, oder zumindest von Göttern bewohnt.

Das philosophisch Großartige aber war, dass er *das Wesen der Natur in seiner Gesamtheit* betrachtete. Er lehrte, dass die Schöpfung Zweck und Ziel habe, und prägte dafür den Begriff *Entelechie.* Alles habe einen Drang zur Vervollkommnung. (Herr Darwin lässt grüßen.)

Auch der Mensch strebe nach Selbstverwirklichung.

Werde, der du bist. Mit dieser Forderung wurde er zum Ahnherrn des Humanismus! Welt*erkenntnis* ist der Sinn des Daseins, nicht Welt*beherrschung*.

Epikur

341 – 270 v. Chr.

Lust ist alles

Die Welt des Epikur bestand nur aus dem zufälligen Zusammentreffen und Vergehen der Atome. Alles zerfällt, wenn der Körper stirbt, selbst die Seele. Deshalb gab es für ihn keine Unsterblichkeit.

Seltsamerweise kamen Götter in seinem Werk vor, aber sie saßen irgendwo auf dem Olymp und kümmerten sich nicht um die Welt.

Die Wissenschaft sei nützlich, meinte er, weil sie den Aberglauben vertreibe. Andere Philosophen hielt er für Schwätzer und Scharlatane, während er sein eigenes Werk zum Dogma erhob. Seine Anhänger mussten schwören, nach seinem Tod kein einziges Wort an seiner Philosophie zu ändern.

Lebe so, dass du nichts und niemanden fürchten musst, auch den Tod nicht und die Religion. Nur so erreiche man eine heitere Gelassenheit, denn Religion und Tod hielt er für die stärksten Quellen der Furcht. Er schlug vor: *Nutze deine Vernunft, dein höchstes Gut. Befreie dich aus dem Gefängnis der Geschäfte und der Politik, denn das Verlangen nach Reichtum und Ehre macht eitel. Es macht den Menschen ruhelos.* Deshalb forderte er: *Lebe im Verborgenen wie ein Gott unter Menschen. Dann erreichst du die Windstille der Seele.*

Epikur war Materialist. Sein Lieblingswort war *Lust.*

Er schrieb: *Ich weiß nicht, was ich mir unter dem Guten vorstellen soll, wenn ich mir die Freuden des Gaumens und der Liebe und die Lust am Hören und Sehen wegdenke.*

Nun könnte man meinen, er hätte sein Leben lang aus dem Vollen geschöpft und in Saus und Braus gelebt. Das Gegenteil war der Fall. Er war bettelarm, immer krank und leidend. Er ernährte sich hauptsächlich von Brot und Wasser.

Hin und wieder bat er seine Freunde, ihm ein Stück Dauerkäse mitzubringen.

Er aß und trank wenig, weil er Magenprobleme hatte, und warnte vor der Ehe und ausschweifendem Sex. Sex sei eine heftige und leidenschaftliche Betätigung. Die Kinder, die dabei entstünden, seien die Geisel des Schicksals.

Um das Leben in vollen Zügen zu genießen, solle man den Geist erziehen und mehr an die Freuden im Leben denken als an die Leiden.

Am meisten schätzte Epikur die Freundschaft. S*ie ist von der Lust nicht zu trennen und muss deshalb gepflegt werden, da wir ohne sie nicht sicher und furchtlos leben können. Die Natur hat uns für die Freundschaft geschaffen.*

Er unterrichtete in seinem kleinen Athener Garten alle Menschen, die zu ihm kamen: Freunde und ihre Kinder, seine eigenen Brüder, aber auch Sklaven und Huren, was ein Skandal war und ihm einen schlechten Ruf einbrachte.

Seinen Anhängern, seiner *heiligen Gesellschaft,* verkündete er: *Das allerhöchste Gut ist die Klugheit. Sie ist noch wertvoller als die Philosophie.*

Die Philosophie war für Epikur hilfreich, um im Leben glücklich zu werden. Um sie zu verstehen, müsse man nicht Mathematik und Logik studieren. Jedermann könne ein Philosoph sein, dafür brauche man nur einen gesunden Menschenverstand. Er forderte alle Menschen auf zu philosophieren, *denn für keinen ist es zu früh oder zu spät, sich um die Gesundheit der Seele zu kümmern.*

Über 300 Bücher soll er gefüllt haben, die alle verschollen sind.

Lust ist Anfang und Ende des glücklichen Lebens, schrieb er in einem Brief. Epikur starb jämmerlich an einer Darmverstopfung.

Zenon

334–262 v. Chr.

Die Pflicht ruft

Zenon war in allen Bereichen das Gegenteil von Epikur.

Sein Leitmotiv war nicht die Lust, sondern die *Pflicht.*

Er könnte der Schutzheilige der Beamten und Politiker sein. Der Gedanke der Pflicht im öffentlichen Dienst erinnert an Friedrich den Großen mit seinem Ausspruch: *Ich bin der erste Diener meines Staates.*

Zenon hatte preußische Züge, er war unbestechlich und enthaltsam im Essen und Trinken und in der Liebe. Er hatte ein strenges Äußeres, war hager, sein Blick durchdringend.

Er war Phönizier, auf Zypern geboren. In jungen Jahren war er ein erfolgreicher Kaufmann, bis sein Schiff mit einer kostbaren Ladung Purpur unterging. Er konnte sich retten und mietete sich bei einem Buchhändler ein, der Werke von Aristoteles und Plato besaß. Diese Begegnung weckte sein Interesse an der Philosophie. Er begann, Sokrates wie einen Heiligen zu verehren: seine Bescheidenheit in allen äußerlichen Dingen des Lebens, seine Haltung vor Gericht, die Gelassenheit, mit der er in den Tod ging. Sokrates wurde sein Vorbild.

Zenon wandelte sich wie Saulus zum Paulus. *Gesundheit, Glück, Besitz sind bedeutungslos. Tugend, Vernunft, Pflicht sind alles.* Er wurde Philosoph und unterrichtete seine Schüler in einer bemalten Säulenhalle, die auf Griechisch *Stoa* heißt. Seine Anhänger nennen sich die Stoiker.

Zenon glaubte nicht an den Zufall. Sein Schiffbruch als junger Kaufmann war für ihn eine wunderbare, göttliche Fügung gewesen.

Alles in der Natur hatte einen tieferen Sinn und Zweck. Selbst Wanzen hielt er für nützlich, denn sie trieben ihn frühmorgens aus dem Bett.

Sein stoisches Fazit lautete: *Leidenschaftslos und unerschütterlich soll der Mensch die Schicksalsschläge ertragen und der Gemeinschaft dienen.*

Für Zenon war philosophieren *die Kunst der Lebensführung.* Es sei eine sittliche Aufgabe, mit sich selbst klarzukommen.

Wie schafft man das? Zenon sagte: *durch Selbsterkenntnis!* Man müsse mit der Natur im Einklang leben, denn die Natur sei göttlich. Die ganze materielle Welt, selbst das All sei durchdrungen von Gott, wobei Gott, Vorsehung und Natur identisch seien. Aus diesem Grund forderte Zenon, keine Tempel mehr zu bauen, denn: *Tempel dürfen nicht für etwas Wertvolles oder Heiliges gehalten werden. Nichts, das von Baumeistern oder Handwerkern geschaffen ist, kann besonders wertvoll oder heilig sein.*

Er forderte eine freiwillige Fügung des Individuums in eine göttliche Ordnung: *Frei ist nur der Mensch, der innerlich frei ist und nur das tut, was seine Vernunft tut.*

Mit 72 Jahren geriet er aus dem Gleichschritt, stürzte, brach sich einen Zeh und beging Selbstmord.

Bis zum heutigen Tag beeinflusst Zenon das Denken und Handeln der Menschen. Kaiser Marc Aurel, ein Anhänger seiner Philosophie und der mächtigste Mann des römischen Weltreiches, schrieb in seinen *Selbstbetrachtungen*:

– *Die Gegenwart ist nur ein Augenblick der Ewigkeit.*

– *Oft tut auch der Unrecht, der nichts tut.*

– *Es ist dumm, sich über die Welt zu ärgern. Es kümmert sie nicht.*

Aber nicht nur Kaiser waren Stoiker und Zenon-Anhänger, auch Epiktet, ein von Nero freigelassener Sklave, bezog sich in seinem *Handbüchlein der Moral* auf ihn:

Verlange nicht, dass das, was geschieht, so geschieht, wie du es dir wünschst. Sondern wünsche, dass es so geschieht, wie es geschieht, und dein Leben wird heiter dahinströmen.

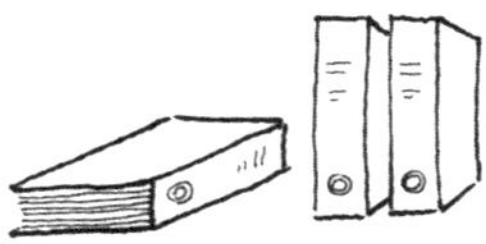

Plotin

204–270

Ein Kämpfer für die Schönheit dieser Welt

Plotin war der letzte der antiken Philosophen. Er wurde in Ägypten geboren – in eine Welt der Hoffnungslosigkeit. Zu seiner Zeit verloren ein Drittel der Bürger des römischen Weltreiches ihr Leben durch Krieg und Pest. Die Städte und Kolonien standen vor dem finanziellen Ruin.

Plotin studierte in Alexandrien und ging mit 39 Jahren nach Rom. Dort hielt er öffentliche Vorlesungen, zu denen selbst der Kaiser mit seiner Gemahlin kam. Ihn interessierte ausschließlich die Schönheit dieser Welt, die Künste, die Musik, die Mathematik, die Gestirne. Den Untergang und das Elend der realen Welt erwähnte er mit keinem Wort.

Auf die Frage, warum er nicht zum Tempel gehe und den Göttern opfere, antwortete er: *Die Götter sollen zu mir kommen.*

Er lehrte, die Materie zu hassen und die Sinne und Begierden des Körpers auszuschalten. Er selbst lebte dies vor. Er schämte sich dafür, *im Leibe zu sein.* Seinen Geburtstag hielt er geheim, denn er wollte dieses bedauerliche Ereignis nicht feiern. Er ging nie zu einem Arzt, aß nur das Allernotwendigste und schlief so wenig wie möglich.

Er war ein Asket, der durch seine Aufrichtigkeit, seine einfache Sprache, sein Vorleben die Zuhörer beeindruckte. Viele Bürger in Rom gaben die Prasserei auf, was zur Folge hatte, dass die Gicht verschwand, die sie quälte. Diese Heilung dürfte Plotins guten Ruf als Vorbild verstärkt haben.

Er selbst fiel häufig in einen ekstatischen Zustand. Danach versuchte er, die Schönheit der anderen Welt zu beschreiben; aber dafür gab es keine Worte. (Es erinnert an Nahtoderlebnisse.)

Nach Plotin verdunkelte sich die Welt. Die Schönheit wurde zum Teufelswerk.

DAS KATHOLISCHE ZEITALTER

Das katholische Zeitalter

400–1500

Die antike Kultur zerfiel. Eine dunkle Zeit brach an. Für die nächsten tausend Jahre übernahmen die Geistlichen das Monopol in der Philosophie. Der Philosoph stand nicht mehr frei denkend im Niemandsland zwischen Religion und Naturwissenschaft, sondern betrachtete und beurteilte die Welt und ihre Bewohner vom Standpunkt der Kirche aus.

Philosophieren hieß, den Glauben mit Hilfe der Vernunft zu verteidigen, wobei sich die Vernunft um jeden Preis dem Glauben unterzuordnen hatte.

Not, Krieg und Pest förderten den Aberglauben. Erbsünde, Fegefeuer und Hölle waren Realität und trieben die Menschen in tiefe Verzweiflung. Die einzige Hoffnung der Gläubigen war der Himmel, das Jenseits.

Die Lebensfreude versiegte.
Der Mensch sollte leiden, nicht lachen.

Augustinus

354–430

Der Erfinder der Erbsünde

Die ersten dreißig Jahre seines Lebens führte der spätere Tugendbold Augustinus ein sündiges Leben. Er klaute, soff, log, verprügelte nachts harmlose Passanten, hatte unzählige Liebschaften, lebte mit einer Konkubine zusammen, zeugte mit ihr einen Sohn und war fassungslos, als diese Frau ihn heiraten wollte. Um der Ehe zu entgehen, verlobte er sich geschwind mit einer Tochter aus gutem Hause, und noch während der Verlobungszeit nahm er sich eine neue Geliebte. Ein Tunichtgut.

Aber plötzlich wurde er bekehrt. Mit 33 Jahren ließ er sich taufen, kündigte seine Professorenstellung in Mailand und ging zurück in die Heimat, nach Karthago, um sich in der Einsamkeit mit Philosophie und Theologie auseinanderzusetzen.

Gott und die Seele will ich erkennen. Sonst nichts.

War es eine Midlife-Crisis? Oder hatte er eine göttliche Vision? Augustinus wandelte sich zu einem *theologischen Philosophen.* Er unterstellte die Vernunft dem Glauben. Er studierte die Heilige Schrift und kam zu folgenden Einsichten:

– *Gotteserkenntnis und Gottesliebe sind die einzigen Ziele in unserem Leben.*
– *Wissen und Neugierde sind unnütze Bestrebungen.*
– *Glücklich ist, wer Gott kennt, wenn er auch von nichts anderem weiß.*
– *Die Welt ist noch keine 6000 Jahre alt, und mit der Welt wurde die Zeit geschaffen.*
– Adam war für Augustinus der erste und der letzte freie Mensch, ohne Sünde geboren. Da er sich von Satan hatte verführen lassen und alle Menschen von ihm abstammen, erben alle seine Sünde und verdienen wie er die ewige Verdammnis. *Der Tod ist der Sünde Lohn.*

- *Alle Menschen sind schlecht.* (In der Antike hatte man noch geglaubt, dass jeder Mensch von Natur aus gut ist.) Für Augustinus gab es keine Erklärung, warum manche in den Himmel dürfen und andere nicht. Die Entscheidung trifft Gott allein.
- Ungetaufte Kinder unterliegen ewiger Verdammnis. Sie sind eine Satansbrut.
- Der Staat hat sich der Kirche unterzuordnen.
- Nach der Auferstehung des Fleisches werden die Leiber der Verdammten ewig brennen: *wie beim Feuersalamander und beim Ätna ...*
- Frauen dürfen bei einer Vergewaltigung keine Lust empfinden, sonst sündigen sie. Das Gleiche gilt für Sex in einer tugendhaften Ehe.

Überraschend modern war Augustinus in anderen Bereichen:
- Die Welt wurde von Gott aus dem Nichts erschaffen (eine theologische Big-Bang-Theorie). Die antiken Philosophen hatten Gott nicht als Schöpfer betrachtet, sondern hielten ihn für einen genialen Künstler, Handwerker, der aus dem Urstoff die Welt und alle Lebewesen schuf.
- Lange vor Descartes fragte er sich: *Woher weiß ich, dass ich bin?* Seine Antwort: *Ich weiß, dass ich selbst denke. Also bin ich.*

Schwierigkeiten bereitete ihm die Frage nach der Zeit, in welcher der Mensch lebt. Gott existiert außerhalb der Zeit. Er ist ewige Gegenwart: *Solange mich niemand danach fragt, ist es mir, als wüsste ich es. Doch wenn ich die Zeit erklären soll, weiß ich es nicht.*

Sein Fazit: *Die Zeit existiert nur im Geist des Menschen, denn an die Vergangenheit kann man sich nur erinnern, die Zukunft nur erwarten.* Beide Zeitbegriffe existieren also nur in der Gegenwart.

Augustinus träumte von einem *Gottesstaat. Die Mutter Kirche* war nur sein unvollkommenes Abbild, in der das Gottesreich erwuchs. In der Gemeinschaft Christi konnte der Sünder Halt finden. Außerhalb war er verloren, es gab drinnen wie draußen kein Heil.

Durch Augustinus erlangte die Kirche eine einzigartige machtvolle Position; man könnte ihn deshalb auch den *Vater der Kirche* nennen.

Mit ihm zerfiel die antike Kultur. Hoffnungslosigkeit machte sich breit. Die Hölle drohte allen. Krieg und Krankheit wüteten, und Zerstörung war allgegenwärtig. Der Aberglauben wucherte. Hexen und Zauberer spielten mit den Ängsten der Menschen. Die Geschichte der Menschheit wurde zum Kampfplatz zwischen Gott und dem Teufel.

Es sollte tausend Jahre dauern, bis Ulrich von Hutten wieder rufen konnte: *Es ist eine Lust zu leben.*

Anselm von Canterbury

1033–1109

Der Mann, der Gott beweisen wollte

Anselm von Canterbury sollte auf Wunsch seines adeligen Vaters Politiker werden, kein Pfaffe. Doch Söhne gehen gerne eigene Wege. Mit 27 Jahren wurde er Mönch in einem Kloster und schon nach kurzer Zeit Prior, mit 45 Jahren Abt. Er war sprachgewandt, belesen, studierte die griechischen Philosophen und verwandte viel Zeit aufs Schreiben. Gerühmt wurde seine Menschenkenntnis. Sein Credo lautete: *Ich glaube, damit ich verstehe.*

Im Alter von 60 Jahren bat man ihn, das höchste Amt der englischen Kirche zu übernehmen und Erzbischof von Canterbury zu werden. Er lehnte ab, denn er wollte nicht in den Machtkampf zwischen Papst und König geraten. Freunde tricksten ihn aus. Am Bett des kranken Königs drückten sie ihm den Krummstab in die Hand, trugen ihn in die Kirche und stimmten das Tedeum an.

Er wurde ein hervorragender Hirte, der sich selbstlos um seine Schafe kümmerte und versuchte, ihnen jeden Zweifel an der Existenz Gottes zu nehmen.

Er wollte die Existenz Gottes mit Hilfe des Glaubens *und* der Vernunft beweisen.

Für ihn waren Glaube und Vernunft kein Widerspruch, da ER dem Menschen beides geschenkt hatte. Wenn Gott im Verstand existierte, musste er auch in der Wirklichkeit existieren.

Im Alter von 76 Jahren starb Anselm von Canterbury und konnte sich nun persönlich überzeugen, ob seine Beweisführung richtig war.

Thomas von Aquin
1225–1274

Denken schadet dem Glauben nicht

Thomas war der jüngste Sohn des Grafen von Aquino. Nach dem Willen der Familie sollte er eine kirchliche Laufbahn einschlagen.

Er bekam eine erstklassige Ausbildung an der Universität Neapel, um nach erfolgreichem Abschluss als Abt ein wohlhabendes Kloster zu übernehmen, mit einem eigenen Karpfenteich und einem gefüllten Weinkeller. Alle Quellen berichten, dass er von ungeheurer Leibesfülle war. Er war so dick, dass man sein Lesepult aussägen musste, damit sein Bauch genug Platz hatte.

Zum Entsetzen seiner Angehörigen trat er dem neuen Dominikaner-Orden bei, der damals eine Sekte war und ein Bettelorden noch dazu. Wollte er auf Diät gehen oder seine Familie ärgern? Seine Brüder beschlossen, ihn zu prüfen, und schickten ihm eine hübsche Hure aufs Zimmer. Er vertrieb sie mit einem brennenden Holzscheit. Da gab die Familie Ruhe.

Thomas ging zu Fuß nach Köln und studierte drei Jahre lang bei Albertus Magnus, der ihm Aristoteles nahebrachte. Damit hatte er sein Lebensthema gefunden.

Er versuchte, der Theologie den Charakter einer Wissenschaft zu geben, und versöhnte den Glauben mit der Vernunft: *Da beide von Gott stammen, können sie nicht im Widerstreit stehen.*

Sein umfangreiches Werk ist eine Synthese aus antiker heidnischer Philosophie und christlicher Dogmatik.

Das Naschen konnte der dicke Thomas anscheinend nicht lassen. Er bekam eine vergiftete Praline angeboten und starb mit 49 Jahren.

Fünfzig Jahre später wurde er heilig gesprochen.

Meister Eckhart

1260 – 1327

Die wichtigste Stunde ist die gegenwärtige

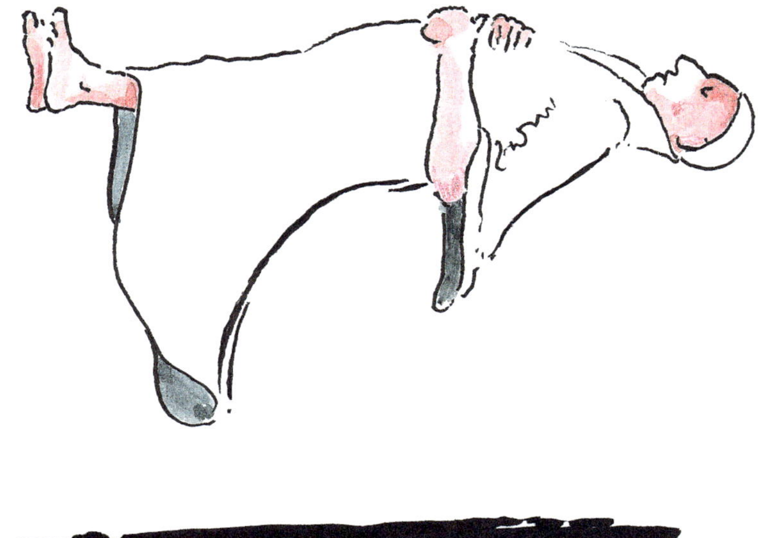

Eckhart von Hochheim war der Sohn eines Ritters aus Thüringen. Im Alter von 15 Jahren trat er in den Dominikaner-Orden ein und absolvierte ein Studium generale. Zuerst in Köln, dann in Paris, der damals berühmtesten Universität des Abendlandes.

Er promovierte zum Magister, zum Meister der Theologie.

Bis an sein Lebensende interessierten ihn nur zwei Themen: Gott und die Seele.

Er war ein mystischer Seelensucher, der *das Fünklein der Seele* suchte.

Er beschrieb zwei Wege, wie man Gott und der Seele nahe kommt:

- Der Mensch soll Abschied nehmen von der welthaften Wirklichkeit, loslassen vom Besitz und Besitzenwollen. Nur so gewinnt er Innerlichkeit, Freiheit und Kraft.
- Der Mensch soll allen Neigungen, allen Wünschen und seinem eigenen Willen entsagen. Nur so erreicht er die *Armut des Geistes, die nichts will, nichts weiß und nichts hat.*

In diesem Zustand der Selbstaufgabe begreift das *Fünklein der Seele das göttliche Licht.*

Gott scheint sich Meister Eckharts Seele angenommen zu haben, denn kurz bevor die Inquisition ihn wegen Häresie verurteilen konnte, starb er.

Nicolaus von Cues
1401–1464

Der Rechtsanwalt Gottes

Nicolaus von Cues war der begabte Sohn eines armen Moselfischers. Er studierte Jura in Padua, übernahm eine Pfarrei in Trier ohne die kirchlichen Weihen, folgte einer Einladung zum Konzil von Basel und mutierte zum *Rechtsanwalt Gottes.* Er schrieb Kirchenverträge, führte Versöhnungsverhandlungen und kümmerte sich um die Reformierung des klösterlichen Lebens in deutschen Landen. Der Sittenverfall dort war immens. Fressen, huren, saufen bestimmten den Alltag, daneben ein wenig beten. Nicolaus räumte rücksichtslos auf, und um allen klar zu machen, wie ernst es ihm damit war, ließ er sogar einen Pfaffen im Rhein ertränken.

Er wurde Bischof, päpstlicher Legat, danach Kardinal und später *Verweser des Papsttums in Abwesenheit des Kirchenoberhauptes.*

Seine Arbeitswut und sein Ehrgeiz waren gigantisch, denn ganz nebenbei schrieb er unzählige Bücher. Ihn interessierte die Lehre des Islam, die er billigte und der er einen gewissen Wahrheitsgehalt zusprach. Er strebte eine Kalenderreform an, muss bei der Planung aber einen Fehler gemacht haben, denn nach seiner Hochrechnung fand die Auferstehung der Toten in den Jahren 1700 bis 1734 statt.

Nicolaus von Cues war ein Mann des Übergangs vom Mittelalter zur Neuzeit. Er war überzeugt, dass die Erde sich bewegt. In unzähligen Entwürfen versuchte er, Gott verbal sichtbar zu machen. Es gelang ihm nicht. Am Ende gab er auf und bezeugte *wissendes Nichtwissen.*

Er starb erschöpft mit 63 Jahren.

DIE NEUZEIT

Die Neuzeit

1500 – 2000

Tausend Jahre lang hatten die Menschen gebetet, gefastet, sich gefürchtet und gehofft, dem Himmel ein kleines Stück näher zu kommen. Die Kirche hatte versprochen, ihnen den Weg zu zeigen. Als sie ihre Autorität verlor, erwachte ein neues Selbstbewusstsein in den Gläubigen.

Ein Rausch von Poesie, Kunst und Lebensfreude erfasste sie.

Das Lachen ist des Menschen höchstes Gut, schrieb Rabelais.

Der Himmel hieß nicht mehr *Universum*, wo der einzige Gott thronte, sondern verwandelte sich zu einem *Weltraum*, angefüllt mit Sternen, die sich auf elliptischen Bahnen umkreisten.

Und plötzlich las man keine Stundenbücher mehr, sondern die Liebesgeschichten im *Decamerone*. Don Quijote und Sancho Pansa waren die neuen Helden – die Kirchenväter hatten ausgedient.

In dieser Zeit der geistigen Befreiung wurde die moderne Welt geboren.

Montaigne

1533–1592

Was nützen mir die Farben,
wenn ich nicht weiß, was ich malen soll

Michel de Montaigne entstammte einer reichen Kaufmannsfamilie aus Bordeaux. Er wuchs sorgenfrei auf einem Schloss auf, dennoch hielt er wenig von Äußerlichkeiten. Sein Ziel war es, *Hochmut und Stolz des Menschen zuschanden zu machen und zu zertreten.*

Er war Richter und Bürgermeister, las die antiken Philosophen und Autoren, trotzdem war er der Ansicht: *Die tödlichste Krankheit des Menschen ist seine Meinung, er wisse.*

Er wurde *der französische Thales* genannt, und Nietzsche bezeichnete ihn einmal als *guten Europäer*, aber Montaigne wusste: *Selbst auf dem höchsten Thron der Welt sitzen wir nur auf unserem Arsch.*

Über den 30-jährigen Religions- und Bürgerkrieg urteilte der Katholik Montaigne, der Dogmen ablehnte und für Toleranz warb: *Am jetzigen Verfall hat jeder von uns seinen eigenen Anteil.*

Er sprach dem Menschen die Krone der Schöpfung ab und prangerte seine Überheblichkeit gegenüber dem Tier an.

Montaigne hat in über hundert geistreichen *Essays* seine Sicht auf die Welt beschrieben, ohne System, ohne festen Standpunkt. Er liebte die goldene Mitte. *Das Leben ist der Rahmen des Guten und des Übels, je nachdem, was du hineinlegst.*

Mit 59 Jahren starb dieser Seelenanatom an der Diphterie während einer Messe in seiner Schlosskapelle. *Ich löse mich auf und komme abhanden.*

Descartes

1596 – 1650

Ich zweifle, also bin ich

René Descartes gilt als der Begründer der modernen Philosophie. Seine Vorgänger waren Lehrer; Descartes war Forscher, Entdecker, Mathematiker, Naturwissenschaftler. Er wandte sich nicht an Schüler, sondern an die Intellektuellen seiner Zeit.

Er glaubte Galilei, dass die Erde sich drehe, und vermutete, dass das Universum unendlich sei.

Er fand das Gesetz der Lichtbrechung, löste das Rätsel des Regenbogens, entdeckte die Funktion der Linse im menschlichen Auge. Seine bedeutendste mathematische Leistung war die analytische Geometrie. Ihm verdanken wir das Koordinatenkreuz, in dem sich unter anderem die Gewinn- und Verlustkurven der Börse wohlfühlen.

Descartes war Bretone und besuchte das Jesuitenkolleg, wahrscheinlich, um in die Fußstapfen seines Vaters zu treten, der Rat im bretonischen Parlament war. Doch sein Vater verstarb früh, und mit dem Erbe, das Descartes finanziell unabhängig machte, zog er nach Paris, um sich auszutoben. Doch schon bald langweilte ihn das gesellige Leben. Er zog sich zurück, und statt zu tanzen, zu fechten oder auszureiten, beschäftigte er sich mit mathematischen und philosophischen Themen.

Dennoch dauerte es nicht lange, und ihn lockte erneut die weite Welt. Als unbezahlter Offizier schloss er sich während des Dreißigjährigen Krieges der Armee an und zog als militärischer Tourist durch halb Europa. Am liebsten hielt er sich in den Winterquartieren auf, weil bei Eis und Schnee nicht gekämpft wurde und er Zeit zum Philosophieren hatte.

Nach einigen Jahren musterte er aus und bereiste als Zivilist Italien und die Schweiz, um sich schließlich im freien

Holland niederzulassen. Hier verbrachte er die letzten zwei Jahrzehnte seines Lebens in völliger Abgeschiedenheit, denn eigentlich war er menschenscheu und schüchtern. Er wollte in Frieden leben, seine Ruhe haben, um über sich und die Welt nachzudenken.

Er wollte sich der Erforschung des eigenen Selbst widmen, ein neues Gebäude der Philosophie errichten, wie es seit Aristoteles nicht mehr geschaffen worden war. Er wollte einen radikalen Neubeginn und die Philosophie aus dem Dunkel hervorholen.

Alle Gewissheiten sollten zerstört, alle bisherigen Wahrheiten in Zweifel gezogen werden. Er wollte die exakte Methodik der Mathematik auf die Philosophie übertragen und trennte radikal Geist und Materie

Da ist es nicht verwunderlich, dass er den Menschen als Maschine betrachtete, bei dem die Seele in der Zirbeldrüse sitzt. (Heute, im Zeitalter der lernfähigen Roboter, kommen wir Descartes' Menschenbild wieder nahe.)

Das Tier, welches er für einen Automaten hielt, glaubte er ausschließlich von physikalischen Gesetzen beherrscht; aus seiner Sicht verfügt es weder über Gefühl noch über Bewusstsein. Seiner Meinung nach können Tiere nicht denken und funktionieren wie eine tickende Uhr. Diese Annahme widerspricht allerdings einem Briefzitat: *Die Wilden behaupten, dass die Affen sprechen könnten, wenn sie wollten, aber es absichtlich nicht tun, damit man sie nicht zwinge zu arbeiten.*

Vielleicht war das Leben nur ein Traum? Täuschten ihn seine Sinne? Die Materie nahm doch immer neue Formen an! Bienenwachs zum Beispiel war hart, aber erwärmt schmolz es und veränderte den Zustand. Welches war das wirkliche Wachs?

Descartes glaubte, dass die Materie eine Täuschung sein könne, aber das Denken, der Geist, unwiderlegbar sei.

Er schrieb den berühmten Satz: *Ich denke, also bin ich. Ich zweifle, also bin ich. Also existiere ich.* Kein Skeptiker, kein Argument war imstande, diese Feststellung zu erschüttern.

Letztendlich verdanken wir Descartes die Autonomie des Ich, weil es sich seiner selbst bewusst wurde. Es, das Ich, hat im Denken zu sich selbst gefunden.

Konsequent bezeichnete sich der Materialist als ein *denkendes Ding.*

Fünfzigjährig machte der unverheiratete Descartes den Fehler, der philosophisch interessierten Königin Christine von Schweden ein Traktat über die Liebe zu schreiben. Ein Gebiet, auf dem er sich nicht gut auskannte. Daraufhin lud sie ihn ein und plauderte jeden Morgen mit ihm um 5 Uhr in der Frühe. Descartes, der gewohnt war, bis mittags im Bett zu liegen, der zehn bis zwölf Stunden Schlaf brauchte und ständig fror, verstarb nach kurzer Zeit im *Land der Bären, mitten unter Fels und Eis.*

Pascal

1623–1662

Der Mensch. Unendlich groß oder unendlich klein?

Pascal hatte das Glück, dass es zu seiner Zeit noch keine Schulpflicht gab. Das genial veranlagte Kind hätte sich im Schulalltag zu Tode gelangweilt. Sein Vater brachte ihm Lesen und Schreiben bei, und als Steuereintreiber vermutlich auch das Rechnen. Das genügte, um Pascals Interesse für Mathematik und Naturwissenschaft zu wecken.

Mit 12 Jahren malte er auf dem Fußboden Dreiecke und Kreise und entwickelte völlig selbständig die Euklidische Geometrie.

Mit 16 verfasste er eine Abhandlung über Kegelschnitte, die selbst Mathematiker aufhorchen ließ. Mit 19 konstruierte er für die Steuerpraxis des Vaters eine Rechenmaschine und entwarf eine Theorie des Roulette-Spiels, die für die Wahrscheinlichkeitsrechnung von Bedeutung war.

Er beschäftigte sich mit dem Vakuum und dem Luftdruck; Letzterer ist noch heute nach ihm benannt: Pascal/Hektopascal. Und ganz nebenbei plante er eine *Fünfgroschenkutsche,* das erste öffentliche Nahverkehrsmittel für Paris.

Ein schwerer Unfall mit der Kutsche veränderte Pascals Leben. Er mutierte zum Heiligen. Er ertrug zahlreiche Beschwerden, ohne zu klagen: die faulenden Zähne, die Koliken, die Schlaflosigkeit, die bohrenden Kopfschmerzen. Er war überzeugt, Gott wolle ihn prüfen. Er glaubte sogar, dass Kranksein der einzig würdige Zustand für einen Christen sei. Ja, er fürchtete sich davor, wieder gesund zu werden.

Schließlich wandte er sich der Philosophie zu, wollte den Menschen und die Welt ergründen: Für ihn stand fest, dass das unendlich große Weltall nicht zu begreifen war, denn *das Denken endet damit, sich im Unendlichen zu verlieren.*

Das winzige Atom war für ihn teilbar, denn es *verbirgt in seinem Inneren eine Unendlichkeit von Universen.*

Nie erfasse der Mensch das Wesen der Dinge, sondern *alles verbirgt sich in einem undurchdringlichen Geheimnis.*

Pascal fragte sich, wo der Mensch Halt finden könne; woran könne er sich klammern? Seine Antwort: *Die ganze Würde des Menschen liegt im Denken.*

Gleichzeitig wusste er, dass es den Menschen ängstigt, über sich selbst nachzudenken. Es sei die Angst vor dem Alleinsein, die Angst, mit der Trostlosigkeit der eigenen Existenz konfrontiert zu werden. So sucht er lieber Zerstreuung, will sich ablenken, spielen, jagen, sich vergnügen.

Alles Unglück in der Welt kommt daher, dass man nicht versteht, ruhig in einem Zimmer zu sein.

Sein Fazit:

Der Mensch ist ein widersprüchliches Wesen.
Was für ein Monstrum, was für ein Wunder,
Richter aller Dinge, einfältiger Erdenwurm,
Verwalter des Wahren, Kloake des Irrtums,
Glanz und Auswurf des Alls.

Pascal ging ins Kloster und schrieb: *Der Mensch ohne Gott existiert in der Unwissenheit über alles.*

Trotzdem war er überzeugt: *Die Menschen tun nie so vollständig und fröhlich etwas Böses, als wenn sie es aus religiöser Überzeugung tun.*

In einer kleinen schmucklosen Zelle, ohne Bilder, fastend und mit einem nagelbesetzten Gürtel um den nackten Leib starb er mit 39 Jahren. *Der letzte Schritt der Vernunft ist es, anzuerkennen, dass es eine Unendlichkeit von Dingen gibt, die sie übersteigen.*

Nach seinem Tod sollte man einen in sein Rockfutter eingenähten Zettel entdecken, auf dem er das bei seinem Kutschenunfall Erlebte in Worte gefasst hatte: *Feuer, Gewissheit, Empfindung, Freude, Friede. Vergessen der Welt und aller Dinge, ausgenommen Gott.*

Nietzsche schrieb über ihn: *Pascal, den ich beinahe liebe, weil er mich unendlich belehrt hat, ist der einzige logische Christ.*

Spinoza
1634–1677

Der meist gehasste Philosoph der Welt

Baruch Spinoza entstammte einer jüdischen Familie, die vor der Inquisition aus Spanien geflohen war und sich in Holland niedergelassen hatte.

Er war wissbegierig, intelligent und geschätzt, bis er beim Studium des Alten Testamentes auf historische Widersprüche und Ungereimtheiten stieß und wagte, sich kritisch darüber zu äußern. Die orthodoxe Gemeinde war entsetzt. Sie ließ Spinoza bespitzeln und bot ihm 1000 Florins jährlich, wenn er seine Zweifel für sich behielte. Er lehnte ab, und man beschloss, ihn zu ermorden. Der Anschlag schlug fehl, folglich wurde der große Bannfluch über ihn ausgesprochen und er war für alle Ewigkeit verdammt: *Niemand darf ihm mehr nahe kommen, ihm helfen, etwas von ihm lesen, niemand unter einem Dach mit ihm weilen. Selbst Gott möge ihm niemals verzeihen und seinen Namen austilgen.*

Spinoza nahm diesen Vorfall mit großer Gelassenheit und mutierte zum Philosophen: *Ich lasse einen jeden nach seiner Natur leben, und wer will, mag für sein Heil sterben: wenn nur ich für die Wahrheit leben darf.*

Er forderte eine totale Meinungsfreiheit. Die Aufgabe des Staates sei es, die Freiheit der religiösen und politischen Überzeugung zu wahren. Das brachte auch die Mächtigen dieses intoleranten Zeitalters auf die Barrikaden. Da wagte jemand, öffentlich querzudenken, sich gegen den akzeptierten Zeitgeist zu stellen: *Unglaublich,* dieser *philosophische Lumpenkram. Dieser Straßenräuber und Mörder der gesunden Vernunft und Wissenschaft. Ein lästernder Erzjude und völliger Atheist. Unerträglich.*

Die Liste der Beschimpfungen war endlos.

Wie konnte jemand behaupten, dass Christus nicht Gottes Sohn sei, aber der größte und edelste Mensch, der je auf Erden gelebt hatte?

Spinoza war ein gläubiger Mensch, er sah Gott in allem. *Gott oder Natur,* für ihn war es nur ein anderer Name, weshalb er auch keinen persönlichen Gott akzeptieren konnte.

Die Unsterblichkeit, an die die Christen glauben, konnte es für ihn nicht geben, höchstens ein stärkeres Einswerden mit Gott.

Die Bibel betrachtete er als ein wunderbares Buch voller grandioser Bilder und Gleichnisse, damit das Volk sie verstehe. Man solle die Heilige Schrift allerdings nicht wörtlich nehmen, denn hinter dem Wort verberge sich eine tiefere, andere Wahrheit.

Spinoza hielt die Demokratie für eine natürliche Staatsform, aber er erlaubte keine Revolution gegen die bestehende Regierung.

Der Mensch solle sich von der Tyrannei der Furcht befreien: *Die Weisheit des freien Menschen ist nicht ein Nachsinnen über den Tod, sondern ein Nachsinnen über das Leben.*

Wir sind frei, wenn wir erkennen, dass wir nur ein Teil der ganzen Natur sind.

Spinoza glaubte, dass jede Sünde der Unwissenheit entspringt, *denn sie wissen nicht, was sie tun.*

Hass wird durch Gegenhass vermehrt, durch Liebe dagegen kann er ausgetilgt werden.

Das theologisch-politische Traktat wurde selbstverständlich verboten. Dieses *gotteslästerliche und seelenverderbende Werk, voll von grundlosen und gefährlichen Ansichten und Gräueln.* Einem Verleger, der es dennoch wagen sollte, dieses Buch zu veröffentlichen, wurden acht Jahre Zuchthaus und 3000 Gulden Strafe angedroht.

Wie reagierte Spinoza auf diese Hasstiraden? Er schwieg und schrieb weiter. Für seinen Lebensunterhalt schliff er optische Gläser. Diesen Beruf verdankte er der jüdischen Tradition, die besagt, dass jeder Gelehrte auch ein Handwerk beherrschen sollte.

Es mutet seltsam an, dass dieser Freigeist für die *Meinungs*freiheit kämpfte, aber dem Menschen die *Willens*freiheit absprach. Alles war determiniert, vorherbestimmt in der geistigen Sphäre.

Selbst in der physikalischen Welt gab es für ihn keinen Zufall. Ihm schien es logisch unmöglich, dass sich Ereignisse anders zutragen könnten, als sie es taten.

Folgerichtig hatte er keine Angst vor dem Tod, sondern unterhielt sich angeregt mit Freunden bis zum letzten Atemzug. Er starb mit 43 Jahren an Schwindsucht.

Leibniz

1646 – 1716

Der Bibliothekar, der keine Bücher verlieh

Gottfried Wilhelm von Leibniz, Sohn eines Professors der Moralphilosophie, war ein Wunderkind wie Pascal. Mit 8 Jahren brachte er sich selbst Latein bei. Mit 15 wurde er Student, um mit 20 seinen Dr. jur. zu machen. Mit 21 bot man ihm eine Professur an, die er ablehnte, weil er nicht wie sein Vater ins Lehramt wollte. Mit 30 erfand er die Infinitesimalrechnung – vor Newton, wie er betonte (Prioritätenstreit). Er wurde Bibliothekar am Hof von Hannover und Wolfenbüttel, was für diesen vielseitigen Mann eine sichere, bezahlte Traumanstellung bedeutete. Leibniz sehnte sich nach einem Weltfrieden, beschäftigte sich mit der Wiedervereinigung aller christlichen Kirchen, entwarf Pläne für neue Akademien und betrieb Studien in Mathematik, Physik, Mechanik, Geologie, Mineralogie und Geschichte. Wenn jemand in seine Bibliothek kam, um ein Buch auszuleihen, wurde er zornig, denn er fühlte sich in seiner Arbeit gestört.

Sein philosophisches Hauptwerk wird zwar von jedermann zitiert, aber von kaum jemandem so richtig verstanden: die Lehre von den winzig kleinen, fensterlosen *Monaden.* Es sind keine Atome, sondern unteilbare, lebende, autarke Einheiten, geistige *Kraftpunkte.* Die Materie besteht aus *nackten Monaden,* im Menschen regiert eine *Zentralmonade,* welche die anderen regiert, und Gott ist die *Urmonade.*

Hegel äußerte sich abfällig über die Monadenlehre und bezeichnete sie als einen *metaphysischen Roman.*

Der Hofbibliothekar Leibniz starb mit 70 Jahren und wurde still und ohne Festakt begraben.

Voltaire

1694–1778

Frei sollt ihr sein

François-Marie Arouet, genannt Voltaire, war der Sohn eines Juristen und Gebühreneintreibers am Obersten Finanzgericht in Paris. Kein Wunder also, dass er ebenfalls Rechtswissenschaft studieren sollte. Doch er zog es vor, Gedichte, Satiren und Bühnenstücke zu schreiben, in denen er sich lustig machte über Gott und die Welt. Das weckte die Aufmerksamkeit von Kirche und Obrigkeit. Sein Werk wurde verboten, und seine frivolen, a-religiösen Schriften wurden verbrannt. Er selbst kam sogar für einige Monate hinter Gitter, in die Bastille. Dort allerdings muss ihn der Gefängnisdirektor als Autor und Gesprächspartner geschätzt haben, denn er sah ihn gerne beim Essen an seinem Tisch.

Nach seiner Entlassung ging Voltaire nach England, dessen Gesellschaft ihn tief beeindruckte. Hier war die Religion Privatangelegenheit. Die Macht von König und Adel war eingeschränkt. Das parlamentarische System schützte den Bürger vor staatlicher Willkür.

Hier wurzelten die philosophischen Themen, die Voltaires Leben prägten.

Einerseits wandte er sich gegen die Dogmatik des Christentums, gegen die Allmacht der Kirche mit ihrem Fanatismus, dessen *Höllenwahn* Millionen Menschenleben gefordert hatte. Andererseits betonte er die Nützlichkeit des Glaubens an einen Gott: *Wenn Gott nicht existierte, müsste man ihn erfinden.*

In seiner Gesellschaftskritik forderte Voltaire die Gleichheit aller Bürger vor dem Gesetz. Freiheit des Denkens. Toleranz. Frieden. Er kämpfte gegen Unterdrückung und Ungerechtigkeit.

Die Monarchie befürwortete er und hielt an ihr fest.

Trotz massiver Anfeindungen wuchs Voltaires Ruhm. Er war ein Bestsellerautor, der erste Berufsschriftsteller der Weltgeschichte. Seine Romane wurden ständig neu aufgelegt und in andere Sprachen übersetzt. Ein begeistertes Publikum bejubelte seine Dramen. Er verfasste über fünfzig Bühnenstücke und wurde als Nachfolger von Racine und Corneille gefeiert.

Neben seiner dichterischen Arbeit verfasste er eine vielbändige Geschichte Frankreichs, eine erste *Kultur*geschichte. Und zusammen mit Diderot schrieb er an der ersten Enzyklopädie der Menschheit. 18 Stunden täglich soll er gearbeitet haben, und dies dermaßen intensiv, dass seine Sekretäre nicht so schnell mitschreiben konnten, wie er diktierte.

Er korrespondierte mit den Großen seiner Zeit, die ihn schätzten und seine geistige Nähe suchten. Über 20 000 Briefe sind uns erhalten. Es gab kein Thema, zu dem er nichts beitragen konnte. Er war der berühmteste Mann des 18. Jahrhunderts. Ein ganzes Zeitalter wurde nach ihm benannt.

Nietzsche nannte ihn *den größten Befreier der Menschheit.*

Die Tantiemen aus seinem dichterischen Werk und die jährliche Pension aus der königlichen Schatulle machten ihn vermögend. Doch vermutlich genügte ihm das nicht, denn er spekulierte an der Börse, war ein gewiefter Grundstücksmakler, verlieh hochverzinsliche Darlehen, belieferte die Armee und investierte sehr erfolgreich in eine Reederei, die unter anderem Sklavenhandel betrieb. Letzteres schien ihn nicht gestört zu haben, denn aus seiner Sicht kämpfte er für die Freiheit des weißen Mannes. Die Schwarzen dagegen hielt er für das Bindeglied zwischen Mensch und Tier.

Aufgrund seiner fürstlichen Einnahmen besaß er Villen, Weinberge, Äcker, Gemäldegalerien, eine Bibliothek, einen Wagenpark mit Postillion und ein Schloss mit 160 Lakaien, Sekretären, ja sogar mit einem eigenen Theater und einer eigenen Kirche.

Einmal zu Reichtum gekommen, zeigte er sich als großherziger Spender, Helfer und Wohltäter. Er kämpfte gegen die Leibeigenschaft, unterstützte junge Autoren und stellte Arbeitern Häuser und Kapital zur Verfügung, damit sie sich selbständig machen konnten.

Dreißig Jahre vor der Französischen Revolution schrieb er hellseherisch:

Alles, was ich rings um mich geschehen sehe, legt den Keim zu einer Revolution, die unfehlbar eintreten wird, von der ich aber kein Zeuge mehr sein werde.

Die Gebeine Voltaires ruhen im Panthéon. Auf dem Sarkophag stehen die Worte: *Als Dichter, Historiker, Philosoph machte er den menschlichen Geist größer und lehrte ihn, dass er frei sein solle.*

Rousseau

1712–1778

Zurück zur Natur

Wer war Jean-Jacques Rousseau? Sein Vater war Uhrmacher des Sultans am Serail in Konstantinopel. Die Mutter, eine Pastorentochter, starb kurz nach der Geburt.

Rousseau war ein unsteter Zeitgenosse. Die Schule brach er ab, die Lehrherren warfen ihn raus. Er versuchte sich als Musiklehrer, Kammerdiener, Sekretär, Erzieher, arbeitete auf dem Katasteramt, wurde Notenschreiber, Dirigent, komponierte ein wenig und schrieb Stücke, die sogar am Hof von Versailles aufgeführt wurden. Aber er fühlte sich unbehaglich in Gesellschaft bedeutender Zeitgenossen. Nichts war bei ihm von Dauer. Er vagabundierte durch die Schweiz, Italien und Frankreich, wechselte Unterkünfte und die Religionszugehörigkeit, wie es ihm in den Sinn kam. Er log, betrog, hing faul herum, lebte von der Hand in den Mund.

Im Jahre 1750 setzte die Akademie von Dijon einen Preis aus für die beste Abhandlung über das Thema: *Haben die Künste und Wissenschaften dem Menschengeschlecht Segen gebracht?*

Diderot riet Rousseau, der zu der Zeit noch ein Nobody war, an der Ausschreibung teilzunehmen und diese Frage zu verneinen, um auf sich aufmerksam zu machen. Rousseau folgte dem Tipp: *Allmächtiger Gott, erlöse uns von den Kenntnissen unserer Väter, gib uns die Unschuld und die Armut zurück.*

Dieser Bericht machte den 38-jährigen gebürtigen Schweizer über Nacht bekannt. Die dekadente, übersättigte Rokoko-Gesellschaft war entzückt über den rüden, unrasierten, pöbelnden Plebejer, der ein rumänisches Gewand zu einer Pelzmütze trug, die unglaublichsten Dinge behauptete und sich gegen Voltaire und die Aufklärung stellte:

Das Gefühl ist wichtiger als der Verstand. Dieser ganze Fortschritt ist eine Illusion, und der Barbar ist der wahre Mensch – nicht der Zivilisierte.

Und plötzlich sah man den Adel in den Parks mit rosa Lämmchen am seidenen Halsband flanieren, vorbei an neu erbauten Windmühlen und künstlichem Urwald.

Ludwig XV. kostete der unkritische Trend dieses *Zurück zur Natur* sogar das Leben: Er sah eine junge Kuhhirtin Blumen pflücken und lud sie ein zum Souper. Tags darauf verstarb sie an den Pocken. Kurze Zeit später folgte ihr der König ins Grab.

Rousseau war überzeugt, dass der Mensch gut sei: *Die Gesellschaft bringt das Böse in die Welt. Besitz und Eigentum spalten die Menschheit in Klassen*. Er wollte die Gleichheit, und sei es auf Kosten der Freiheit. (Die Französische Revolution unter dem tugendhaften Robespierre übernahm diese Thesen und enteignete und köpfte diejenigen, die anderer Meinung waren. Auch das kommunistische Russland und Hitler-Deutschland griffen seine Ideen auf.)

Rousseau war Egomane: *Wer sich nicht für mich begeistert, ist meiner nicht würdig*. Niemand hielt es lange mit ihm aus. Eine Ausnahme war Therese, ein Stubenmädchen aus einem Pariser Hotel. Sie war nicht nur habgierig und geizig, sondern auch noch hässlich, Analphabetin und Trinkerin. Er zeugte fünf Kinder mit ihr, die er gleich nach der Geburt ins Findelhaus brachte, weil sie Geld kosteten und zu viel Lärm machten.

Diese unglaubliche Handlungsweise widersprach seiner *Erziehungstheorie*, mit der er die guten Anlagen aller Kinder fördern wollte. Er versuchte, die Jugend vom bösen Einfluss der Gesellschaft fernzuhalten und ihre sozialen Instinkte herauszubilden. Sogar Pestalozzi war davon beeindruckt.

Wenn sich alle Wünsche Rousseaus erfüllt hätten, sähe die Welt heute anders aus, denn für ihn war die Wissenschaft unvereinbar mit der Tugend:

Die Astronomie stamme vom Aberglauben ab,
die Geometrie vom Geiz,
die Physik von eitler Neugier.
Und Bildung und Buchdruckerkunst seien zu bedauern.

Rousseau nahm sich das Leben und ruht heute neben Voltaire im Panthéon.

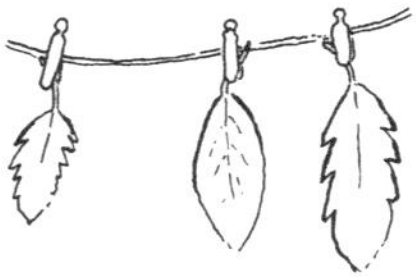

Hume

1711 – 1776

Die Metaphysik ist ein Truggespinst

Der Schotte David Hume wurde von einem Landsmann folgendermaßen beschrieben: *Die Weisheit hat sich sicherlich noch nie in eine so sonderbare Gestalt gekleidet. Seine Augen waren leer, sein Antlitz geistlos, sein Bauch gewaltig.*

Mit 28 Jahren veröffentlichte er sein erstes philosophisches Werk. Er erhoffte weltweite Anerkennung, aber *das Buch fiel totgeboren aus der Druckerpresse.*

Nach dieser Pleite wurde er Pfleger eines geisteskranken Marquis, dann Sekretär eines Generals und schließlich Bibliothekar in Edinburgh, wo er Zeit fand, eine mehrbändige *Geschichte Britanniens* zu schreiben, die so erfolgreich war, dass er bis zu seinem Tod mit seinen Freunden philosophieren konnte. Sie kamen gerne, denn er hatte ein *großes Talent im Kochen*.

Hume war *Empirist*. Er hielt die gesamte Metaphysik für eine Pseudowissenschaft und schrieb:

Nehmen wir ein beliebiges theologisches oder metaphysisches Werk zur Hand und fragen wir: Enthält es irgendeine theoretische Untersuchung über Quantität oder Zahl? NEIN. Enthält es irgendeine experimentelle Untersuchung über empirische Tatsachen? NEIN. Nun, dann werfe man es ins Feuer, denn dann kann es nur Sophistik und Spiegelfechterei enthalten.

Sein Fazit: Die Welt kann nicht vom Verstand und der Vernunft erfasst werden. Die Wahrheit erfahren wir nur über die Sinneseindrücke: hören, sehen, fühlen, aber auch hassen und lieben.

Rationalen Glauben gibt es nicht.

Das Ende der Aufklärung war nahe.

Kant

1724–1804

Das Ding an sich erfassen wir nicht,
nur die Dinge als Erscheinung

Immanuel Kant war das vierte Kind eines Sattlermeisters in Königsberg. Sein ganzes Leben verbrachte er in dieser Stadt, revolutionierte die Philosophie und schenkte der Welt tausend Anekdoten, die sich um seine Person rankten.

Er verkörperte den verknöcherten, weltfremden Professor, der als Student zwar gerne lustige Geschichten erzählte, aber selber darüber nicht lachen konnte.

Kant war der Inbegriff von Pünktlichkeit und Pedanterie. Um 4.45 Uhr musste ihn der Diener wecken und neben dem Bett verharren, bis er aufgestanden war. Um Punkt 22.00 Uhr ging er schlafen.

Als ein Edelmann ihn zu einer Kutschfahrt über Land einlud, die erst nach 22 Uhr endete, war es das letzte Mal in seinem Leben, dass er in einer Kutsche Platz genommen hatte.

Die Nachbarn konnten die Uhr nach ihm stellen, wenn er um Punkt 19 Uhr vom Besuch eines Freundes den Heimweg antrat.

Zweimal ist er in seinem Leben umgezogen. Einmal vertrieb ihn ein krähender Hahn, ein anderes Mal der geistliche Gesang der Gefangenen im Stadtgefängnis.

Stand ein Stuhl nicht am gewohnten Platz in der Wohnung oder lag die Schreibfeder nicht im rechten Winkel zum Papier, irritierte ihn dies dermaßen, dass er nicht arbeiten konnte.

Er erwog zweimal in seinem Leben zu ehelichen, aber wahrscheinlich dachte er zu gründlich und zu lange darüber nach, denn bis er sich entschieden hatte, war die eine Auserkorene fortgezogen und die andere längst verheiratet. Er tröstete sich: *Unverehelichte alte Männer erhalten sich länger ein jugendliches Aussehen als verheiratete. Die härteren Gesichtszüge verraten das getragene Joch.*

Er schrieb eine Naturgeschichte über die Entstehung des Himmels, glaubte aber, dass die Wanzen in seinem Bett auf den Sonnenstrahlen durch das offene Fenster hereinrutschten.

Er kündigte seinem geschätzten Diener Lampe, vermisste diesen hilfreichen Geist aber sehr. Um nicht mehr an ihn zu denken, schrieb er auf einen Zettel: *Lampe muss vergessen werden.*

Nach Schule und Studium verdiente Kant sein Geld als Hauslehrer, was ihm schwerfiel; er hielt lieber Seminare als Privatdozent an der Universität. Seine Vorlesungen waren geschätzt, weil er sehr bildhaft sprach, während das Geschriebene laut Heinrich Heine einem *grauen, trockenen Packpapierstil glich.*

Zwanzig Stunden pro Woche lehrte er Moralphilosophie, natürliche Theologie, Mathematik, Physik, Mechanik, Geografie, Anthropologie, Pädagogik und Naturrecht. Ihn schien alles zu interessieren, nur nicht eine Professur für Dichtkunst, die ihm die Universität anbot.

Mit 46 bekam er endlich den ersehnten Lehrstuhl für Logik und Metaphysik. Die Revolution konnte beginnen. Er schrieb:

Sapere aude (wörtlich: Wage es, weise zu sein). *Habe Mut, dich deines eigenen Verstandes zu bedienen* (Leitspruch der Aufklärung).

Kant widmete sich ganz seiner *geliebten* Metaphysik, die sich ausschließlich um die Begriffe *Gott, Freiheit und Unsterblichkeit der Seele* drehte. War hierüber Gewissheit zu erlangen? Er verneinte: Die menschliche Vernunft sei zu solcher Erkenntnis nicht imstande. Erkenntnis sei nur subjektiv möglich. Gott könne man nicht beweisen. *Man muss das Wissen aufheben, um zum Glauben zu kommen.*

Was also sollte der Mensch tun? Der Mensch habe einen freien Willen, der aber einem sittlichen Gesetz unterliege: *Handle so, dass die Maxime deines Willens jederzeit zugleich als Prinzip einer allgemeinen Gesetzgebung gelten könnte* (Kategorischer Imperativ).

Das Werk von Kant könnte man auf folgende Kurzform bringen:

Wahrheit ist ein Produkt unseres Verstandes.
Sittlichkeit ist ein Produkt unseres Willens.
Schönheit ist ein Produkt unseres Geschmacks.

Für Kant ist die Philosophie kein Ziel, sondern ein Weg. Mathematik, Sprachen, Physik, Geschichte kann man erlernen – nicht aber die Philosophie. Nur das Philosophieren ist erlernbar.

Kant starb im Alter von 80 Jahren. Trotz der jahrelangen Anfeindungen durch die Zensurbehörde muss er mit dem Erreichten in seinem Leben zufrieden gewesen sein, denn seine letzten Worte waren: *Es ist gut.*

Fichte
1762–1814

ICH und Fichte

Fichte studierte Theologie, erst in Jena, dann in Leipzig. Als der adelige Gönner starb, der sein Studium finanziert hatte, versuchte er sich als Hauslehrer in Zürich und Warschau. Er scheiterte, weil er sich anmaßte, zunächst die Eltern erziehen zu wollen und erst dann die Kinder.

Durch Zufall entdeckte er die Kant'sche Philosophie. Er war begeistert, besuchte sein Idol in Königsberg und schrieb in nur vier Wochen eine philosophische Abhandlung, die ihn berühmt machte, weil sie irrtümlich für ein Werk Kants gehalten wurde. Jetzt erhielt er eine Professur in Jena und wurde dort begeistert aufgenommen. Doch als er sich gegen die studentischen Verbindungen wandte, wo lieber gesoffen und gefochten wurde als studiert, flogen Pflastersteine durch sein Fenster, und eine anonyme Flugschrift behauptete, er sei ein Atheist. Der König von Preußen schrieb ihm daraufhin: *Wenn es wahr ist, dass er mit dem lieben Gott in Feindseligkeiten begriffen ist, so mag dies der liebe Gott mit ihm abmachen; mir tut das nichts.*

Fichte ging nach Berlin. Von sich selbst sagte er: *Zu einem Gelehrten habe ich kein Geschick. Ich mag nicht bloß denken, ich will handeln.*

Er begeisterte sich für die Französische Revolution und forderte *Denkfreiheit.* In seinen *Reden an die deutsche Nation* im französisch besetzten Berlin forderte er als Vorbedingung der politischen Wiedergeburt die sittliche Erneuerung des Volkes.

Zusammengefasst besagt seine Philosophie:

Die Welt ist ein Produkt des Ich.

Fichte starb mit 52 Jahren am Fleckfieber.

Schelling
1775–1854

In der Kunst offenbart sich Gott

Friedrich Wilhelm Joseph Schelling war Schwabe und stammte wie so viele Philosophen aus einer Pfarrersfamilie. Er war hochbegabt. In der Schule meisterte er neben Deutsch und Französisch auch Griechisch, Latein, Hebräisch und Arabisch.

Mit 16 Jahren begann er ein Theologie-Studium in Tübingen, wo er Hölderlin und Hegel begegnete. Sie wurden Freunde. Die *Tübinger Drei* begeisterten sich für die Französische Revolution, studierten Kant und Spinoza, lasen Goethe und Herder und begannen wie alle jungen Leute ihrer Zeit, die Natur neu zu entdecken.

Schelling entwarf eine *Naturphilosophie.* Er hatte Ehrfurcht vor der Natur, sah in ihr einen lebendigen Organismus mit dem menschlichen Geist an der Spitze. Betrachtete man Stein, Pflanze, Tier, so entdeckte man *den verborgenen Gott.* (Das erinnert an eine brahmanische Weisheit: Gott schläft im Stein, atmet in der Pflanze, träumt im Tier und erwacht im Menschen.) In seiner *Kunstphilosophie,* seine originellste Schöpfung, feierte Schelling das Kunstwerk, weil der menschliche Geist es erdacht hatte und ihm Gestalt gab. Demzufolge offenbarte sich Gott auch in der Kunst.

Schelling machte eine einzigartige Karriere. Er wurde geadelt, von den Universitäten umworben, er unterrichtete den bayerischen Kronprinzen in Philosophie, traf sich mit Novalis, Tieck und Schleiermacher. Humboldt bezeichnete ihn als *den geistreichsten Mann* in Deutschland. Der preußische König schrieb, er sei *von Gott erwählt,* und Goethe pries sein *vorzügliches Talent.*

Mit 79 Jahren trat Schelling eine Kur an, die er nicht überlebte.

Hegel
1770 – 1831

Das Wahre ist das Ganze

Georg Wilhelm Friedrich Hegel wurde in Stuttgart als Sohn eines Sekretärs geboren und besuchte dort das Gymnasium. Zum Studium ging er nach Tübingen, wo er sich mit Hölderlin und Schelling eine Unterkunft teilte.

Nach dem Studium wurde er zunächst Hauslehrer, um über die Runden zu kommen. Doch dies war nicht sein Traumberuf, deshalb versuchte er sich als Privatdozent in Jena. Als sein Gehalt ausblieb, weil Napoleon es für seine Armee verwendete, wurde er Redakteur einer Zeitung in Bamberg – eine bittere Erfahrung in der *Zeitungsgaleere.* Er bewarb sich als Gymnasialdirektor in Nürnberg, wo er den Schülern die *Nibelungen* vorlas. Um sich dabei nicht zu langweilen, übersetzte er den Vortrag simultan ins Griechische.

Mit 46 Jahren erfüllte sich sein Traum: Ihm wurde eine Professur in Berlin angeboten. Jetzt konnte er nach Herzenslust laut über sich und die Welt sinnieren. Die Studenten bekamen allerdings wenig mit, weil er sehr breit schwäbelte, ständig in seinen Unterlagen blätterte, nach Worten suchte und die Vorlesung unterbrach, um nachzudenken. Aber er tat dies mit solcher Überzeugungskraft, dass er stets ein volles Haus hatte, während sein Konkurrent Schopenhauer zwei Türen weiter vor leeren Bänken referierte. Aus diesen Tagen rührt vermutlich der Hass Schopenhauers auf Hegel, den er einen *geistlosen Scharlatan, einen erbärmlichen Patron mit einer Bierwirtphysiognomie* nannte.

Hegel wiederum hasste Schelling und ebenso den Philosophen Schleiermacher. Letzteren soll er sogar mit einem Messer bedroht haben. Zur Aussöhnung benutzten angeblich beide Philosophen gemeinsam die Rutschbahn im Tivoli.

Hegel behauptete, die Welt entwickle sich nur im Widerspruch weiter. Es liege in allem die Tendenz, ins Gegenteil umzuschlagen, und in jedem Widerspruch die Tendenz, sich zu versöhnen. *These, Antithese und Synthese* seien der Motor.

Nach Hegel besteht die Welt nicht aus Einzelteilen. Das Ganze sei ein Organismus, die scheinbare Selbständigkeit eine Täuschung (eine Biene zum Beispiel ist nur ein Teil des Bienenstocks, die Imme das Ganze).

Der Mensch sei nur ein Teil des Staates, die Freiheit des Einzelnen eingeschränkt. (*Du bist nichts, dein Volk ist alles.*) Auch die Pressefreiheit sah er begrenzt. Der Berichterstattung sollte nicht erlaubt sein, die Regierung oder die Polizei verächtlich zu machen.

Hegel verherrlichte den Nationalstaat, sprach ihm Macht zu und das Recht, von Zeit zu Zeit in den Krieg zu ziehen, denn für ihn war *Frieden gleich Verknöcherung*. Die Weltgeschichte sei nicht der Boden des Glücks. Die Perioden des Glücks seien leere Blätter in der Weltgeschichte, denn sie seien die Perioden des fehlenden Gegensatzes.

In seiner Geschichtsphilosophie schrieb er: *Europa ist schlechthin das Ende der Weltgeschichte, Asien der Anfang.*

Hegels Sprache ist oft dunkel und schwer zu verstehen, dennoch zeichnet sie sich gelegentlich durch Witz und Pointen aus:

- Er vergleicht Kants Philosophie über die Grenzen unseres Erkenntnisvermögens *mit einem Scholastikus, der nicht eher ins Wasser gehen will, bevor er schwimmen kann.*
- Er kommentiert Schelling, der behauptete, dass es im Absoluten keinen Unterschied zwischen subjektiv und objektiv gebe: *Es ist die Nacht, in der alle Kühe schwarz sind.*

– Er meint, die Philosophie habe nicht die Aufgabe, die Religion im Menschen zu erwecken: *Dies wäre ebenso verkehrt, als wenn man in einen Hund dadurch Geist hineinbringen wolle, dass man ihn gedruckte Schriften kauen ließe.*
– Von ihm stammt auch das herrliche Sprichwort, das fälschlicherweise oft Goethe zugeschrieben wird: *Es gibt keine Helden für den Kammerdiener.*

Hegel starb in Berlin an der Cholera.

Schopenhauer
1788–1860

Die Welt als Wille und Vorstellung

Genie und Wahnsinn liegen dicht beieinander. Den Beweis dafür lieferte die Familie Schopenhauer, eine wohlhabende Kaufmannsfamilie aus Danzig. Die Großmutter des Philosophen war irrsinnig. Der Vater war hoch gebildet, aber in seinen letzten Lebensjahren geistig gestört. Ein Bruder war schwachsinnig. Die Mutter schrieb lieber Romane, als sich um die Kinder zu kümmern, weshalb Arthur Schopenhauer zwei Jahre nach Paris auf die Schule geschickt wurde, danach in ein englisches Internat. Anschließend wurde er als Kaufmann ausgebildet, was er als Zumutung empfand. Doch er hatte Glück. Der Vater stürzte sich vom Dach ins Wasser, die Mutter zog nach Weimar in die Nähe von Goethe. Arthur war frei. Mit dem Erbe konnte er die Universität besuchen, wo er zuerst ein paar Semester Medizin studierte, um dann den Doktor der Philosophie zu machen.

Schopenhauer war von grenzenlosem Misstrauen und Pessimismus besessen. *Jede Lebensgeschichte ist eine Leidensgeschichte,* behauptete er. *Das einzige Vergnügen ist, über das missliche Leben nachzudenken.*

Die Welt ist jammervoll und keineswegs wünschenswert. Sie sollte nicht sein. Es gab nur zwei Menschen, die er achtete: Kant, von dem eine Büste in seinem Studierzimmer stand, und Buddha, von dem er eine Bronzeskulptur besaß. Alle Normalsterblichen waren für ihn *Fabrikware der Natur*, die seine Werke nicht lasen oder nicht verstanden.

Sein Hass gegen Frauen rührt vermutlich aus dem gestörten Verhältnis zu seiner Mutter und der unglücklichen Affäre mit einer elf Jahre älteren Schauspielerin. Er schrieb: *Was die Weiber kennzeichnet, ist eine instinktartige Verschlagenheit, ein Hang zum Lügen und zur Verschwendung.* Er fand, Frauen besäßen keinerlei Sinn für Poesie, Musik oder Kunst.

Wie man dieses breithüftige, schmalschultrige, niedrig gewachsene Geschlecht als das schöne bezeichnet, daran hätte nur der männliche Intellekt Schuld, da er vom Geschlechtstrieb umnebelt sei. Heiraten heißt, mit verbundenen Augen in einen Sack greifen und hoffen, dass man einen Aal aus einem Haufen Schlangen herausfinde.

Er war ein Menschenverächter. Sein Mitleid galt dem Tier: *Jeder Junge kann einen Käfer zertreten. Aber alle Professoren der Welt können keinen herstellen.* Ganz besonders liebte er schwarze Pudel. Wenn einer starb, kaufte er sofort einen neuen. Alle nannte er *Atma (Weltenseele).* Wenn sie ihm nicht gehorchten, nannte er sie *Mensch.*

Sein Tagesablauf war immer der gleiche: morgens Arbeit am Schreibtisch; um 12 Uhr Flötenspiel; gefolgt vom Essen im Gasthaus; anschließend zwei Stunden Spazieren mit Atma; schließlich Lesen der Londoner *Times*. Danach rauchte er eine Pfeife und arbeitete weiter.

1819 erschien sein berühmtes Werk *Die Welt als Wille und Vorstellung.* Er war von diesem Œuvre absolut überzeugt und behauptete, einige Abschnitte hätte ihm der Heilige Geist persönlich diktiert. Trotzdem nahm niemand Notiz von diesem philosophischen Werk, und es sollte dreißig Jahre dauern, bis die erste kleine Auflage verkauft war.

Dieses Buch beginnt mit dem Satz: *Die Welt ist meine Vorstellung. Alle Dinge sind nur Erscheinungen, ein vom Geist erträumter Traum.* Hierin folgte er Kant, fragte aber weiter, was hinter den Erscheinungen sei. Dort gebe es den *Willen, einen blinden unaufhaltsamen Drang, der das ungeheure, menschliche Leid verursacht. Der Mensch kann zwar tun, was er will, aber er kann nicht wollen, was er will.*

Nach Schopenhauers Meinung gab es nur eine Möglichkeit, den Willen zu zügeln: Askese und Armut, denn *das Geld gleicht dem Seewasser. Je mehr davon getrunken wird, desto durstiger wird man.* Entsagung war das Ziel, Willenlosigkeit, Keuschheit, Verzicht auf alles, woran das Herz hängt, um am Ende im Nichts anzukommen. Diesen Ausweg übernahm er von Buddha. Christentum und Islam lehnte er ab.

Er schätzte die Kunst, ganz besonders die Musik. Sie gewährte ihm für kurze Zeit eine Erlösung vom Willen und vom Leid. Richard Wagner äußerte sich begeistert über diese Vorliebe, übersah dabei jedoch, dass nicht die Oper gemeint war. Für den Philosophen verdarben Worte die Töne der Musik. Er stellte die Oper auf dieselbe Stufe mit Militärmärschen und Tanzmusik.

Arthur Schopenhauer machte sich mit 72 Jahren ohne Atma auf, ins Nirwana zu marschieren.

Emerson

1803 – 1882

Schaff dir deine eigene Welt

Ralph Waldo Emerson hatte an der berühmten Harvard Universität Theologie studiert. Doch nach dem frühen Tod seiner erst 19-jährigen Frau legte er sein geistliches Amt nieder. Er machte sich auf eine dreijährige Europareise und suchte nach dem Sinn des Lebens.

Zurück in Massachusetts erkannte er: *In den Wäldern kehren wir zur Vernunft und zum Glauben zurück.* Er war überzeugt, dass Gott in der Natur sei. Der Mensch müsse im Einklang mit der Natur leben. Sie sei die wahre Quelle der göttlichen Offenbarung. Hierin war er Pantheist.

Weil er die Bibelwunder für erfunden hielt, galt er als Atheist. Jesus war für ihn ein bedeutender Mensch, aber als Gottes Sohn akzeptierte er ihn nicht.

In seinen Essays und mit über 1500 Vorträgen in den Nordstaaten von Amerika kämpfte Emerson für die Sklavenbefreiung, beschwor die Freiheit des Einzelnen im Denken und Handeln, forderte seine Leser und Zuhörer auf, sich eine eigene Welt zu schaffen. Er war ein Mann der Neuen Welt mit einem gesunden Menschenverstand und hielt wenig von Tradition, Dogmen und Überlieferungen.

Obwohl seiner Philosophie Form und strenger logischer Aufbau fehlen und seine Texte sprunghaft sind, beweisen sie große innere Überzeugungskraft. Er selbst bezeichnete seine Gedanken einmal als *Kinder des Waldes.*

Am Ende seines Lebens notierte er: *Die Jahre lehren viel, was die Tage niemals wissen.*

Kierkegaard

1813–1855

Das ganze Dasein ängstigt mich

Der Däne Sören Kierkegaard war das letzte von sieben Kindern, die außer ihm alle früh verstarben. Der Vater war gebildet, streng religiös und intelligent. Er war im Wollwarenhandel reich geworden. Die Mutter war eine ehemalige Magd in seinem Haushalt.

Kierkegaard verbrachte fast sein ganzes Leben in Kopenhagen, wo er Philosophie studierte. Er gab sich stets extravagant, kleidete sich wie ein Dandy und frequentierte gern die Cafés. Er hatte Witz und war bekannt für seine Ironie. *Man frage mich nach allem, nur nicht nach Gründen. Ich habe meist so viele sich oft widersprechende Gründe, dass ich aus diesem Grund keinen Grund angeben kann.*

Doch das war nur Tarnung. In Wirklichkeit war er depressiv: *Das ganze Dasein ängstigt mich, von der kleinsten Mücke bis zum Geheimnis der Inkarnation.*

Kierkegaard verehrte das Individuum: *Die Menge ist die Unwahrheit, die anonyme Öffentlichkeit produziert nur Geschwätz.* Über die Kirche sagte er: *Luther hatte 95 Thesen. Ich hätte nur eine: Das Christentum ist nicht da.*

Er war der Ansicht, dass der Mensch auf seinem Lebensweg zwischen drei möglichen Stadien wählen könne:

Das ästhetische Stadium. Der Mensch schaut sich um und genießt die Welt, ohne zu handeln. Sein Leben ist leer.

Das ethische Stadium. Der Mensch kann sich für seine individuelle Aufgabe im Leben entscheiden. Darüber findet er zu sich selbst.

Das religiöse Stadium. Der Mensch darf die Unendlichkeit nicht vergessen, denn nur so kann er die Welt und das eigene Ende ertragen.

Kierkegaard erlitt mit 42 Jahren einen Schlaganfall und starb auf einer Straße in Kopenhagen.

Feuerbach

1804–1872

Der Mensch schuf Gott nach seinem Bild

Ludwig Feuerbach studierte Theologie, aber die Widersprüche zwischen Glauben und Vernunft, Dogma und Freiheit waren ihm zuwider. Er wendete sich der Philosophie zu und wurde mit 25 Jahren Dozent. Diese Professur währte nicht lange, weil er eine antikirchliche Schrift verfasste und die Universität daraufhin verlassen musste. Danach verlief sein Leben ziemlich chaotisch. Er versuchte sich in unterschiedlichen Berufen, hatte aber wenig Glück. Bis er die Tochter eines reichen Porzellanfabrikanten heiratete, zu ihr auf das Schloss zog und endlich Zeit und Muße zum Schreiben hatte. Jetzt durfte er Atheist sein.

Er forderte: *Der Mensch soll das Christentum aufgeben, dann erst wird er Mensch.* Er wollte, dass die Menschheit auf alles Übersinnliche verzichtet. *Der Mensch ist der Anfang der Religion, ihr Mittelpunkt und ihr Ende. Es gibt keinen Gott, es gibt Gott nur in der Einbildung, aber nicht in Wahrheit und Wirklichkeit. Der Mensch schuf Gott nach seinem Bild.*

Wir seien nicht von Gott abhängig, sagte er, sondern von der Natur.

Feuerbach behauptete, dass die Wurzel des Gottesglaubens der Egoismus sei. Der Mensch werde mit seinem riesigen Ego nicht fertig, deshalb denkt er sich einen Gott aus, der ihm dabei hilft, das Ich klein zu halten.

Die Porzellanfabrik ging in Konkurs, das Schloss kam unter den Hammer. Sein Ruhm verblasste. Nach zwei Schlaganfällen dämmerte er die letzten zwei Lebensjahre dahin und erlag mit 68 Jahren einer Lungenentzündung.

Ob Gott wie Ludwig Feuerbach aussah, werden wir nie erfahren. Die Kirchenväter sind sich sicher, dass der Teufel mit ihm große Ähnlichkeit hatte.

Marx

1818–1881

Der ökonomische Guru

In jungen Jahren wollte Karl Marx Dichter werden. Seinen Abituraufsatz betitelte er: Über die *Vereinigung der Gläubigen in Christ.* Er studierte Jura und promovierte über ein philosophisches Thema, obwohl er niemals eine philosophische Vorlesung besucht hatte. War die Philosophie seine heimliche Liebe? Er wollte die Welt nicht interpretieren, für ihn war wichtig: *Es kömmt darauf an, sie zu verändern.*

So wurde er von Beruf Revolutionär und forderte die Proletarier aller Länder auf, sich zu vereinigen. Sie sollten keine Angst haben vor der kommunistischen Revolution, denn *die Proletarier haben nichts zu verlieren als ihre Ketten.*

Das Kapital, die Besitzenden, behauptete er, würden an ihrer Gier, am Mehrwert ersticken. Dann würden alle Menschen gleich sein, dann begänne *das wahre Reich der Freiheit.*

Millionen Menschen verehrten ihn wie einen Guru. Einige von ihnen nutzten seine »Philosophie« skrupellos zu ihren Gunsten aus, obwohl sich seine Theorie bis zum heutigen Tage nicht bewahrheitet hat.

Marx war neben Darwin wohl der einflussreichste Denker seiner Zeit. Der Unterschied zwischen ihnen war, dass der eine *Revolution* versprach und der andere *Evolution* entdeckte.

Marx starb in London mit 63 Jahren. Sein dreibändiges Werk *Das Kapital* hat kaum jemand gelesen. Es genügt, daran zu glauben.

Nietzsche
1844–1900

Der Übermensch

Friedrich Nietzsche entstammte einer Pfarrerdynastie. Alle seine Vorfahren waren Pfarrer, auch seine Mutter kam aus einer protestantischen Pfarrersfamilie. Als Kind konnte er Bibelzitate und Lieder so salbungsvoll aufsagen, dass er den Spitznamen *der kleine Pastor* bekam. Er war ein glänzender Schüler, musisch und sprachlich hochbegabt, nur mit der Rechtschreibung und der Mathematik haperte es. Dass er nicht Theologie studierte, sondern Sprach- und Literaturwissenschaft in Bonn und Leipzig, lag an dem atheistischen Einfluss von Feuerbach und Schopenhauer. Er war ein so herausragender Student, dass er bereits als Professor nach Basel berufen wurde, noch während er an seiner Doktorarbeit schrieb.

Zehn Jahre unterrichtete er dort, dann legte er aus gesundheitlichen Gründen sein Lehramt nieder. Seit Jugendtagen litt er unter Migräne, hatte Magenschmerzen und war extrem kurzsichtig, was später sogar zu seiner Erblindung führte. Auch Schwermut und Einsamkeit machten ihm zu schaffen. Ein einziges Mal in seinem Leben war er in eine Frau verliebt, aber sein Antrag wurde abgelehnt. Er tröstete sich mit Ironie: *Ein verheirateter Philosoph gehört in die Komödie.*

Mit dem weiblichen Geschlecht kannte er sich ohnehin nicht aus, obwohl er als Kind nach des Vaters frühem Tod mit fünf Frauen aufgewachsen war – Großmutter, Mutter, zwei Tanten und eine Schwester. Als Philosoph riet er allen Männern: *Du gehst zu Frauen? Vergiss die Peitsche nicht.*

Nach dem Abschied aus Basel irrte er zehn Jahre einsam von Hotel zu Hotel, im Winter in Italien, im Sommer in der Schweiz oder in Deutschland. Besessen schrieb er Werk um Werk; niemand interessierte sich dafür.

In Turin brach er zusammen, die Spätfolgen einer Syphilis machten sich bemerkbar. Er stammelte Unverständliches und umarmte schluchzend einen Droschkengaul, der von seinem Besitzer misshandelt worden war. Mutter und Schwester nahmen ihn auf und kümmerten sich die verbleibenden elf Jahre um ihn. Wahnsinnsanfälle ließen ihn durch das Haus tanzen, Satzfetzen singen, die er dissonant auf dem Klavier begleitete. Briefe an Strindberg unterzeichnete er mit *Nietzsche Cäsar* oder *der Gekreuzigte.*

Zur Jahrhundertwende starb er geistig umnachtet in Weimar.

Worin bestand die Größe Nietzsches? Waren es die Machtphantasien eines Kranken, der eine internationale Herrscherrasse erstrebte; der von Reue und Sühne angeekelt war; der die *Sklavenmoral* des Christentums ablehnte?

Nietzsche erkannte, dass er in einer Endzeit lebte, deren Kultur, Moral und Glaube lebensschwach geworden waren. In Wagners Musik meinte er die Morgenröte einer neuen Kultur entdeckt zu haben, bis er erkannte, dass es eine Abenddämmerung war, die am Ende eines Zeitalters aufleuchtete.

Das Leben war für Nietzsche ein unendlicher Prozess des Schaffens und des Zerstörens, eine *ewige Wiederkehr, ohne Zweck und Ziel.* Das sei sein Schicksal.

Diesen Prozess solle jeder Mensch bejahen.

Apoll und Dionysos (göttliche Symbole für Maß und Ordnung contra Zerstörung) müssen miteinander ringen, nur so könne Neues entstehen.

Gott ist tot. Wir haben ihn getötet, behauptete er, beließ es aber nicht dabei. Der Einzelne müsse es wagen, ohne Gott eine neue Welt zu schaffen. Der Mensch der Gegenwart stehe zwischen dem Tier und dem Übermenschen, einer neuen, höheren Art der menschlichen Rasse. Dieser müsse das Ziel sein. Bertrand Russell stichelte: *Nietzsches Übermensch ist ein zweiter Siegfried, der allerdings Griechisch kann.*

Nietzsche forderte, die Moral solle Selbstmord begehen, um sich neu zu erschaffen. Der Glaube an die Wahrheit, an Fortschritt, an wissenschaftliche Erkenntnis, alles dies müsse zerfallen. Daraus erwüchse *Nihilismus*, der aber nicht das Ende von allem sei, sondern *das hoffnungsvollste Schauspiel.*

Über den Philosophen Nietzsche mag man streiten. Unbestritten ist er ein bedeutender Schriftsteller. *Zarathustra* gehört zur Weltliteratur.

Jaspers
1883–1969

Existenzerhellung

Karl Jaspers entstammte einer wohlhabenden, politisch aktiven Bankiersfamilie. Den Grundstein zu ihrem Reichtum hatte bereits der Urgroßvater mit Schmuggelgeschäften gelegt.

Jaspers war ein zartes, stets kränkelndes Kind. Ein angeborenes Bronchialproblem verbot ihm jeglichen Sport bis auf Billard.

Die Krankheit und sicherlich auch eine seelische Veranlagung machten ihn zu einem scheuen Außenseiter, der sein Leben lang Distanz zu seinen Mitmenschen hielt. Nie besuchte er eine Gesellschaft, nie ging er ins Kino oder ins Theater. Freunde ertrug er nur per Korrespondenz. Einzig seine Ehefrau liebte er sein Leben lang.

Trotzdem schrieb Jaspers: *Mein Gebiet ist der Mensch, zu nichts anderem hätte ich Lust.* So studierte dieser total in sich gekehrte Individualist zuerst Jura, dann Medizin und Psychiatrie, *um den Menschen als ein Ganzes zu erfassen, um die Grenzen der menschlichen Möglichkeiten zu kennen.*

Die Philosophie, die er nie studierte, war für ihn keine Wissenschaft, denn Wissenschaft mache Fortschritte, die Philosophie nicht. Historisch betrachtet sei sie lediglich ein Bericht über eine Kette von Irrtümern*: Wir dürfen kaum sagen, dass wir weiter sind als Plato.*

Existenzerhellung sei die Aufgabe der Philosophie. Sie müsse den Menschen wachrütteln, damit er sich der eigenen Ohnmacht und Schwäche bewusst werde, denn auf dem Weg zu sich selbst erlebe der Mensch Grenzsituationen. Tod, Kampf, Leiden, Schuld könne er nicht entfliehen, sondern müsse diese akzeptieren, sonst verzweifle er und glaube, das Leben sei sinnlos. Wichtig sei, wie er sich in diesen Grenzsituationen verhalte, wie er sich entscheide, wie er lebe. Mutig solle er sein, denn *wer sich fürchtet, fürchtet das Leben.*

Jaspers sah die Zukunft des Menschen aufs Äußerste gefährdet und warnte vor der Bedrohung durch Technik, Vermassung, Zerstreuung, vor der Politik und vor allem vor der Atombombe.

Er träumte von einer *Weltordnung, einer universalen Vernunftgemeinschaft,* damit der Mensch sich nicht selber vernichtete. Der Mensch war Jaspers ein Rätsel, *die größte Möglichkeit und größte Gefahr in der Welt.*

Jeder Einzelne sei gefordert, sich einzubringen, denn: *Die Demokratie ist kein Zustand, sondern nur der Weg zur Freiheit. Und diese Freiheit erweist sich nicht durch meine Einsicht, sondern durch meine Tat. Wir können unser Schicksal selbst gestalten. Es gibt kein Geschichtsgesetz, das den Gang der Dinge im Ganzen bestimmt. Es ist die Verantwortung der Entschlüsse und Taten von Menschen, woran die Zukunft hängt.*

Jaspers wandte sich auch an seine eigene Zunft.

In einer Welt, die in allem fragwürdig geworden ist, müssen wir philosophierend Richtung halten, auch wenn wir das Ziel nicht kennen. Die Philosophie müsse sich kümmern.

Allerdings sah Jaspers ihre Aufgabe begrenzt. Die Philosophen sollten nur Kritik üben, mehr nicht. Politik sollten sie anderen überlassen.

All diese einsam erworbenen Einsichten verkündete er wie ein Prophet mit der Attitüde eines Moralapostels. Der Philosoph Karl Barth bezeichnete sie als *Jasperletheater,* und Einstein nannte sie *das Gefasel eines Trunkenen.*

Am 90. Geburtstag seiner geliebten Frau starb Jaspers in Basel.

Heidegger

1889–1976

Sein und Zeit

Martin Heideggers Vater war Fassmacher im Schwarzwald. Die Familie war tiefgläubig und schickte ihren Sohn auf die Gemeindeschule, um lesen und schreiben zu lernen. Der Ortspfarrer entdeckte seine außergewöhnliche Begabung und ermöglichte ihm den Besuch des Gymnasiums, wo er das Abitur bestand. Danach belegte er als Priesterseminarist die Fächer Philosophie und Theologie, ersetzte Letzteres aber später durch Mathematik, Geschichte und Naturwissenschaft.

Heidegger wurde kein Priester, sondern Lehrer an der Universität Freiburg. Hier war er zu Hause. Im Winter konnte er Ski laufen und den Sommer in seiner spartanisch eingerichteten Holzhütte am Hang des Feldbergs verbringen. Er liebte den Schwarzwald und dessen Menschen, war einer von ihnen, trug ihre Trachten und unterhielt sich gerne mit den Bauern im Wirtshaus.

Mit ihnen wird er sich anders verständigt haben als mit seinen Studenten. Seine Sprache in Vorlesungen oder philosophischen Schriften wirkte manieriert und verdreht. Seine Gegner zitierten spöttelnd aus einem Vortrag Heideggers über *Das Ding: Das Spiegel-Spiel der weltenden Welt entringt als das Gering des Ringes die einigen Vier in das eigene Fügsame, das Ringe ihres Wesens. Aus dem Spiegel-Spiel des Gerings des Ringes ereignet sich das Dings des Dinges.*

1926 erschien sein Buch *Sein und Zeit*, das ihn über Nacht berühmt machte. In diesem Werk stellte er die Frage nach dem Sinn des Seins.

Für den Laien ist es außergewöhnlich schwierig zu lesen,

man muss zunächst sein Vokabular erlernen, um es zu verstehen. Er erfand Verben wie *nichten, lichten, wesen* und philosophierte: *Das Nichts nichtet.* Ein Journalist des *Spiegel* spottete nach einem Heidegger-Vortrag, er habe die ärgerliche Angewohnheit, Deutsch zu sprechen.

Heidegger befasste sich mit der Geschichte der abendländischen Philosophie, interpretierte Hölderlin und Rilke, schrieb über die Kunst, die eine andere Weltsicht vermittele im Gegensatz zur Technik, die er als Gefahr sah. Sie sei ein Irrweg. Er war überzeugt, dass die Technik den Menschen verändere, weil er die Welt vornehmlich unter dem Gesichtspunkt der Nutzbarmachung betrachtete, und forderte, dass jeder Einzelne die Welt als sterblicher Gast bewohnen und sie schonen solle.

Die Gegenwart sei nihilistisch, heimatlos und gottesfern. Der heutige Mensch könne das *Sein* nicht ändern, er könne nur abwarten, horchen, hoffen, dass es sich ändert. Er sei ein Untertan des *Sein.*

Heidegger war der Auffassung, dass es die vornehmliche Aufgabe der Philosophie sei, Fragen zu stellen, und nicht, nach Antworten zu suchen:

Das Fragen ist die Frömmigkeit des Denkens.

Er gilt als einer der großen philosophischen Denker unserer Zeit, ist hoch geachtet, gleichzeitig aber auch geschmäht für seine Mitgliedschaft in der NSDAP. Für diesen Irrweg büßte er sein Lehramt ein und hielt sich fortan aus der aktuellen Politik heraus. Vielleicht vertrat er deshalb die Ansicht, dass der Mensch und seine Biografie zwei verschiedene Dinge seien, die man trennen sollte. Eine Vorlesung über Aristoteles begann er: *Aristoteles wurde geboren, arbeitete und starb. Wenden wir uns also seinem Denken zu.*

Am Ende seines Lebens glaubte er, dass *das künftige Denken nicht mehr Philosophie ist. Es ist auf dem Abstieg. Das Denken sammelt die Sprache in einfaches Sagen.*

Mit 87 Jahren hörte Heidegger auf zu denken.

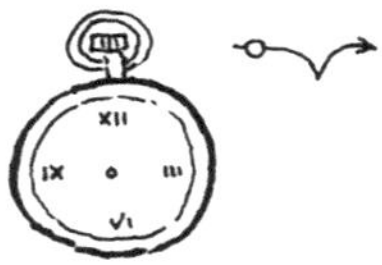

Russell

1872–1970

Liebe, Erkenntnis, Mitgefühl, Zivilcourage

Bertrand Arthur William Russell, der später zum Lord ernannt wurde, gehörte der englischen Aristokratie an. Sein Großvater war Premierminister. Nach dem frühen Tod seiner Eltern kam er zu den Großeltern und wurde von einem Privatlehrer in Literatur und Mathematik unterrichtet. Er muss sehr einsam gewesen sein. Als Elfjähriger studierte er den griechischen Mathematiker Euklid und fand ihn *atemraubend wie die erste Liebe.*

In seiner Autobiografie schrieb er später: *Drei einfache, doch übermächtige Leidenschaften haben mein Leben bestimmt: das Verlangen nach Liebe, der Drang nach Erkenntnis und ein unerträgliches Mitgefühl mit den Leiden der Menschheit.*

Viermal suchte er die Liebe seines Lebens, fand und heiratete sie. Alle zwanzig Jahre einmal. Die letzte heiratete er mit achtzig, es war die glücklichste seiner Ehen.

Nicht gestillt wurde *der Drang nach Erkenntnis* an der Universität in Cambridge. Die Mathematik, die dort gelehrt wurde, langweilte ihn. Zusammen mit dem Philosophen Whitehead schrieb er deshalb das dreibändige Monumentalwerk *Principia Mathematica.* Elf Jahre arbeitete er an diesem Standardwerk der modernen Mathematik, das ihn seine Schwermut vergessen ließ: *Mathematik ist eine Stätte des Friedens, ohne die ich nicht wüsste, wie ich weiterleben sollte.*

Der Erste Weltkrieg veränderte Russells Leben. Er war strikt dagegen, dass England sich daran beteiligte, und warb für den Frieden. Er machte sich stark für Kriegsdienstverweigerer und verlor deshalb nicht nur seine Professur in Cambridge, sondern ging wegen eines pazifistischen Artikels für sechs Monate ins Gefängnis.

Von nun an widmete er sein Leben der Ethik, Religion und Politik.

Mit einer Delegation der Labour Party besuchte er die Sowjetunion, sprach mit Lenin, war Gastprofessor in Peking, bereiste Japan und Australien und gründete eine antiautoritäre Schule. 1936 ging er in die USA, nach Chicago, Los Angeles und New York. Doch auch hier verlor er seine Professur und wurde angeklagt: Sein Buch *Ehe und Moral,* worin er sich auch zur Homosexualität äußerte, sei *wollüstig, libidinös, lüstern, engstirnig und bar jeder Moral.*

Er kehrte nach England zurück und befürwortete den Kampf gegen die Tyrannei Hitlers.

1950 erhielt Russell den Nobelpreis für Literatur für sein Gesamtwerk, in dem er für humanitäre Ideale und die Freiheit der Gedanken eintritt. Er wurde mit Preisen und Ehrungen überschüttet. Dennoch war er weiterhin unermüdlich politisch tätig. Wo immer er auftrat, lehrte, sprach oder schrieb, polarisierte er. Er schrieb über die stalinistischen Verbrechen, bekämpfte aber gleichzeitig den engstirnigen Antikommunismus. Er war gegen die Invasion in Vietnam und gründete das *Russell Tribunal,* um die amerikanischen Kriegsverbrechen aufzudecken. Er war gegen den Missbrauch des Privateigentums, sammelte Gelder für politisch Verfolgte, verfasste Manifeste, hielt Rundfunkansprachen, Reden, warnte die Welt vor einem Atomkrieg und stand in Kontakt mit Einstein, Kennedy, Nehru, Chruschtschow, Tschu En-lai.

Russell war Atheist: *Nur die Naturwissenschaft bringt Erkenntnis, sie ist der einzige Quell des menschlichen Wissens. Gott, Freiheit, Unsterblichkeit sind nicht beweisbar. Die Religion ist entbehrlich, der Glaube etwas für Kinder. Die Moral beruht auf*

Aberglauben und verstaubter Überlieferung. Das Lebensideal soll geprägt sein von der Liebe und dem Wissen.

Russells Bedeutung liegt darin, dass er seine Philosophie nicht nur lehrte, sondern sie vorlebte. Seine Hoffnung war, dass die Welt zur *Einsicht* käme.

Mit 97 Jahren starb er an einer Influenza in Wales.

– *Ideal wäre ein Staat, in dem jeder alle Freiheiten hätte, ausgenommen die Freiheit, in die Freiheit der anderen einzugreifen.*
– *Das Schlimmste an der christlichen Religion ist ihre krankhafte und unnatürliche Einstellung zur Sexualität.*
– *Die Wissenschaftler bemühen sich, das Unmögliche möglich zu machen. Die Politiker bemühen sich oft, das Mögliche unmöglich zu machen.*
– *Das Ärgerliche in der Welt ist, dass die Dummen todsicher und die Intelligenten voller Zweifel sind.*
– *Auch wenn alle einer Meinung sind, können alle Unrecht haben.*

Wittgenstein
1889 – 1951

Wovon man nicht reden kann, darüber muss man schweigen

oder

Der Letzte macht die Tür zu

Die Wittgensteins hatten alles: ein riesiges Vermögen, Landgüter, Stahlwerke, Bedienstete, Kunstsammlungen und acht Kinder, von denen sich drei das Leben nahmen. Wenn die Eltern in Wien ins Palais Wittgenstein einluden, kamen Clara Schumann, Gustav Mahler, Johannes Brahms, Richard Strauss, auch Gustav Klimt und viele andere Berühmtheiten.

Da ist es kein Wunder, dass Ludwig Wittgenstein, der sehr gut Klarinette spielte, sich mit dem Gedanken trug, Dirigent zu werden. Doch seine Liebe zur Technik war größer als zur Musik. Nach der Schulzeit ging er nach Berlin, später nach Manchester, um sich mit Fragen der Aeronautik zu beschäftigen. Die mathematischen Kenntnisse dafür holte er sich bei Bertrand Russell in Cambridge, der über ihn sagte, *er sei das vollendete Beispiel eines Genies.*

Der Erste Weltkrieg brach aus. Wittgenstein geriet in italienische Kriegsgefangenschaft, in der er den *Tractatus logico-philosophicus* vollendete, ein Werk, mit dem er Jahre später in Cambridge promovierte. Bertrand Russell und Professor Moore nahmen die mündliche Prüfung ab. Nach bestandenem Examen klopfte Wittgenstein beiden tröstend auf die Schulter: *Nehmen Sie es nicht so schwer. Ich weiß, dass Sie es wohl nie verstehen.*

Wittgensteins Philosophie ist *Sprachkritik. Die Grenzen meiner Sprache bedeuten die Grenzen meiner Welt. Die richtige Methode der Philosophie wäre eigentlich die: nichts zu sagen, als was sich sagen lässt, also Sätze der Naturwissenschaft.*

(Das erinnert an Voltaire, der meinte, *sich mit Philoso-*

phen zu unterhalten, muss scheitern, wenn der, der zuhört, nicht weiß, was der, der spricht, meint. Und wenn der, der spricht, nicht weiß, was sein Sprechen bedeutet.)

Nach Kriegsende fand Wittgenstein in einer Dorfbuchhandlung ein Buch von Tolstoi über die Evangelien, das ihn tief erschütterte.

Schon 1914 verteilte er sein Millionen-Erbe an seine Geschwister und an Künstler wie Trakl und Rilke. Er wollte arm sein, wollte dienen.

Er wurde Dorfschullehrer in Niederösterreich, wohnte in schäbigen Unterkünften, betätigte sich als Gärtnergehilfe in einem Kloster, übernachtete im Geräteschuppen. Abgerissen und depressiv überlegte er, ob er ein Leben als Mönch führen könne. Der Abt hielt ihn davon ab.

Auf Anraten seiner Freunde kehrte er nach Cambridge zurück, wo er promovierte und Philosophie lehrte. Umringt von seinen Studenten setzte Wittgenstein sich auf einen Stuhl mitten ins Zimmer, stellte Fragen und beantwortete sie selbst. Manchmal schwieg er auch nur und dachte minutenlang nach. Oder er schalt sich laut: *Ihr habt einen furchtbaren Lehrer.* Oder: *Ich bin heute einfach zu dumm.* Die Vorlesungen konnten Stunden dauern.

Irgendwann kamen ihm Zweifel an seinem berühmt-berüchtigten *Tractatus logico-philosophicus.* Er machte sich erneut ans Werk und schrieb die *Philosophischen Untersuchungen.* Darin stellte er fest, dass die Alltagssprache vieldeutig ist, verwirrend, Unfrieden stiftend. Ein und dasselbe Wort kann in einem anderen Zusammenhang seinen Sinn verändern: Spiritus kann Schnaps sein, aber auch Geist. Das DU klingt in der Liebe anders als in der Bedrohung. (Die Tibeter glauben sogar, dass die Ursache allen Leids die Sprache sei.)

Wittgenstein kam zu dem Schluss, dass die Philosophie sich nicht mehr um die sowieso unlösbaren Probleme kümmern solle, sondern nur noch den Gebrauch der Wörter erörtern müsse: *Die philosophischen Probleme sollen vollkommen verschwinden.*

(Buddha ging noch einen Schritt weiter. Er predigte: *Hört nicht auf meine Worte, hört auf das, was ich nicht sage.*)

Wittgenstein starb mit 62 Jahren an Krebs. Seine letzten Worte waren: *Sagen Sie ihnen, dass ich ein wundervolles Leben gehabt habe.*

Epilog

Die *Neuzeit* ist alt geworden, die illusionslose Tatsachenphilosophie hängt am Tropf. Das Abendland ist pessimistisch, gottlos, materialistisch, resigniert. Das Leben erscheint sinnlos.

Die *Eule der Minerva,* die Weisheit, ist flügellahm, fliegt nicht mehr in der Dämmerung.

Die Urthemen der menschlichen Existenz sind behandelt und erklärt.

Ist das das Ende der Philosophie?

Hat der Geschichtsphilosoph Oswald Spengler recht, wenn er den *Untergang des Abendlandes* als einen normalen Alterungsprozess unseres Kulturkreises deutet, dem die Lebenskraft abhanden gekommen ist?

Hat das Wort noch eine Chance in unserer Bilderwelt? Ist der wortlose Algorithmus die mathematische Sprache der Zukunft, in der sich Informatiker, Maschinen und Computer unterhalten? Diese Weltsprache braucht keine Grammatik, keine Rechtschreibung, keine Interpunktion, keine Übersetzung.

Wird die lernfähige Maschine Geist haben, sich evolutionär entwickeln: vom Sein zum Bewusstsein seiner selbst kommen?

Wird es eine Maschinenphilosophie geben?

Verlagert sich das weltpolitische Gewicht nach China? Erwacht Konfuzius, dessen Philosophie den Menschen in den Mittelpunkt stellt? Der Mensch soll nach Harmonie streben, die goldene Mitte suchen, die Balance mit der Natur finden. Nicht das Entweder-oder-Prinzip soll herrschen, sondern das Sowohl-als-auch.

Bewirkt die Umweltzerstörung, die wachsende Weltbevölkerung, der Kampf um Energie, Wasser und Luft ein Umdenken? Wird die europäisch-westliche Philosophie, geprägt vom ICH, zu einer Philosophie des WIR werden?

Der Weltgeist wird wie immer eigene Wege gehen, denn die entscheidenden Dinge sind nicht vorhersehbar, nicht machbar; sie geschehen.

Irgendwann wird ein neues Zeitalter kommen mit einer neuen, jungen, kraftvollen Philosophie, deren Geschichte vielleicht meine Urenkel erzählen werden.

Personenverzeichnis

Über den Autor

Helme Heine gehört zu den ganz Großen in Bild und Wort. Seine Bücher für Kinder und Erwachsene sind Klassiker und finden begeisterte Leser auf der ganzen Welt. Er lebt seit 30 Jahren in Neuseeland. In seiner Freizeit erobert er den Pazifik mit dem Segelboot und angelt für den eigenen Kochtopf. Er hofft, alt genug zu werden, um alle seine Pläne und Projekte zu verwirklichen.